직접 만드는 나만의

핸드메이드
스커트 25

HANDIS

추천사

제 어머니가 젊은 날을 보내실 때만 해도 여성은 함부로 바지를 입을 수 없었습니다. 농촌에선 일바지를 입곤 했지만, 젊은 시절 나의 어머니는 바지를 입는 것만으로도 할머니에게 등짝을 맞기 일쑤였답니다. 요즘 시대에는 바지를 입든 스커트를 입든 상관하지 않지만 한 세대만 거슬러 올라가도 의복 개념이 이처럼 달랐다는 게 참 놀랍고 신기합니다. 그 시절에 여성성을 두드러지게 하는 의복 아이템이 스커트였기에 흔히 남자들이 착용하는 바지를 입는 것은 터부시되었나 봅니다.

혹시 옷장을 열 때마다 입을 옷이 없다는 말이 절로 나오나요? 만약 당신이 좋아하는 스타일이 여성스럽거나 모던하거나 때론 감각적인 코디라면, 이 책을 꼭 주목해 주세요.

소잉을 사랑하는 DIYer들로부터 가장 사랑받는 아이템인 스커트를 이 책 안에 모았습니다. 또한 소재의 변화나 스커트의 길이 조절, 작은 디자인 변형만으로도 한껏 다양하게 멋 부릴 수 있는 아이템들도 매력 만점입니다. 특히 스커트는 바지나, 블라우스 등의 아이템에 비해 짧은 시간 안에 쉽게 완성할 수 있습니다. 만약 당신이 이제 막 소잉을 시작했다 하더라도, 이 책이 멋진 스커트를 척척 만들 수 있게 도와줄 것입니다. 자, 나만의 스타일이 녹아든 스커트로 옷장을 채워볼까요?

2019년 가을 울산에서
전연희

 직접 만드는 나만의
핸드메이드 스커트 25

초판 1쇄 인쇄　　2019년 10월 17일
초판 1쇄 발행　　2019년 10월 25일

발행인	정용효
기획	이슬희, 유윤경, 최의선
번역	손수현
감수	브라이언
편집	전하리
인쇄	웰컴P&P
신고번호	제2016-000002호
신고일자	2016년 01월 26일
발행처	주)핸디스 소잉스토리
	광주광역시 북구 서암대로 133 (신안동), 3층
대표전화	062-513-8957
팩스	062-522-8827
문의전화	070-8893-9218
홈페이지	소잉스토리 www.sewingstory.com

Printed in Korea
ISBN　　979-11-88062-26-3　　13590
판매가　　16,000원

※ 잘못 인쇄된 책은 구입처에서 교환해 드립니다.
※ 소잉스토리는 소잉 D.I.Y 취미실용서를 출간합니다.

이 도서의 국립중앙도서관 출판예정도서목록(CIP)은 서지정보유통지원시스템 홈페이지(http://seoji.nl.go.kr)와 국가자료공동목록시스템(http://www.nl.go.kr/kolisnet)에서 이용하실 수 있습니다.
(CIP제어번호 : CIP2019040559)

STAFF

편집	和田尚子 / 坪明美
만드는 방법 교열	松岡陽子
촬영	原田拳(人物) / 腰塚良彦(静物)
헤어 메이크업	三輪昌子
모델	カリーナー
북디자인	渡邉菜織
일러스트	たけうちみわ (trifle-biz)
패턴 그레이딩	長谷川綾子
편집인	高橋ひとみ
발행인	内藤 朗
인쇄	凸版印刷株式会社
발행처	株式会社ブティック社

Lady Boutique Series No.4594
Teiban mo Ryukou mo Tezukuri shitai Skirt
Copyright ⓒ BOUTIQUE-SHA 2018
All rights reserved.
Original Japanese edition published in Japan by BOUTIQUE-SHA.
Korean translation rights arranged with BOUTIQUE-SHA through DAIJO CRAFT CORP.

이 책의 한국어판 저작권은 BOUTIQUE-SHA, INC. 와의 독점 계약으로 주)핸디스에 있습니다. 신저작권법에 의해 한국 내에서 보호를 받는 저작물이므로 무단전재와 무단복제를 금합니다.

이 제작물은 아모레퍼시픽의 아리따글꼴을 사용하여 디자인 되었습니다.

CONTENTS

스커트를 깔끔하게 완성하는 Tip

1

리본 턱 스커트

앞·뒤가 같은 패턴으로 간단하게 만들 수 있는 스커트입니다. 턱이 잡혀있어 적당한 볼륨감을 주며, 같은 원단의 벨트로 리본을 묶어 포인트를 주었습니다.

만드는 방법 → P.44

작품 제작 … 吉田みか子

앞·뒤 턱이 포인트.

봄이나 가을에는 가디건을 걸쳐 입으면 멋스럽습니다.

2

랩 스커트

직선 실루엣의 캐주얼한 랩 스커트입니다. 실루엣이 심플하며, 활동성이 좋은 랩 스커트는 언제 어디서나 즐겨 입을 수 있습니다. 카키색의 무지 원단을 사용하면 코디하기 쉬운 아이템이 됩니다.

만드는 방법 → P.46

작품 제작 … 酒井三菜子

턱 장식으로 적당한 핏감을 완성하였습니다.

옆에서 봐도 깔끔한 실루엣입니다.

Point

1 랩이 겹치는 부분의 끝쪽을 스냅
   단추로 처리하였습니다.

2 턱 장식은 상침을 하여, 착용 시
   편하게 합니다.

3

플레어 스커트

적당히 몸에 핏되어 아래로 퍼지는 아름다운 실루엣의 플레어 스커트입니다. 바이어스 방향으로 재단하여 더욱 자연스러운 핏을 연출했습니다. 크기가 큰 프린트 원단을 사용하면 여름에 어울리는 아이템이 됩니다.

만드는 방법 → P.48

 Point

허리는 같은 원단으로 바이어스처리하고 옆선은 지퍼 트임으로 완성했습니다.

콘실지퍼 다는 방법 → P.34

작품 제작 … 吉田みか子

4

변형 헴라인 스커트

입었을 때 양 옆선이 아래로 떨어지는 헴 라인이
매력적인 스커트입니다. **3** 플레어 스커트의 밑단
을 변형하여 만들었습니다.

만드는 방법 → P.50

작품 제작 … 吉田みか子

5

3단 티어드 스커트

잔잔한 꽃무늬의 프린트가 귀여운 티어드 스커트
입니다. 스커트에 층마다 주름을 잡아 풍성하게
만든 디자인이므로 얇은 원단부터 중간 두께의 원
단으로 만드는 것을 추천합니다.

만드는 방법 → P.52

작품 제작 … 渋澤富砂幸

8

2단 티어드 스커트

스커트 중간에 절개선을 넣어 주름을 잡은 2단 티어드 스커트입니다. 직선 패턴으로 간단하게 만들 수 있으며, 밑단은 레이스의 스캘럽을 살려 만들었습니다. 비침이 있는 레이스 소재로 만들 경우 안감을 달아 만들어주세요.

만드는 방법 → P.54

작품 제작 … 渋澤富砂幸

7

행커치프 스커트

손수건의 한가운데를 집어서 모서리를 늘어뜨린 듯한 실루엣이 모던한 스커트입니다. 복잡해 보이는 디자인이지만 앞·뒤 같은 패턴으로 되어있어 간단하게 만들 수 있는 아이템입니다.

만드는 방법 → P.56

작품 제작 … 太田順子

움직일 때마다 다양하게 바뀌는 행커치프 라인이 멋스럽습니다.

하늘하늘거리는 뒷모습이 우아한 인상을 줍니다.

8

A라인 스커트

움직일 때마다 살짝씩 흔들리는 세련된 A라인 스커트입니다. 같은 원단의 벨트를 꽉 조여 허리가 가늘어 보이는 코디를 즐겨 주세요.

만드는 방법 → P.58

Point

뒤허리에만 고무줄을 사용하여 벨트 없이 입어도 예쁜 디자인 입니다.

고무줄 다는 방법 → P.38

작품 제작 … 金丸かほり

9

고어드 플레어 스커트

깅엄체크 원단으로 만든 귀여운 고어드 플레어
스커트입니다. 같은 패턴을 4장 연결하여 쉽게
만들 수 있습니다. 허리에 작은 주름이 생기도
록 허리에 고무줄을 넣었습니다.

만드는 방법 → P.60

작품 제작 … 渋澤富砂幸

10

세미 타이트 스커트

레트로한 느낌의 세미 타이트 스커트입니다. 큰 턱 장식을 단추로 고정한 독특한 디자인입니다.

만드는 방법 → P.70

Point

랩 형태로 보이지만 큰 턱을 단추로 고정하여 입는 디자인입니다.

작품 제작 … 金丸かほり

11

세미 타이트 롱 스커트

10 세미 타이트 스커트의 길이를 길게 변형한 스커트입니다. 스트라이프 원단을 사용하면 턱 끝 부분에서 무늬 방향이 바뀌면서 세련된 느낌을 더해줍니다.

만드는 방법 → P.70

작품 제작 … 金丸かほり

12

테일 컷 스커트

꽃이 핀 듯한 느낌의 스커트입니다. 언발란스한 스타일로 뒤허리에만 고무줄이 들어있어 앞은 단정해 보이는 인상을 줍니다.

만드는 방법 → P.62

작품 제작 … 太田順子

13

요크 주름 스커트

허리 요크에 주름을 넣은 무릎 기장의 스커트
입니다. 남색 바탕의 흰색 도트무늬 원단이
귀여움을 한층 높여줍니다.

만드는 방법 → P.64

작품 제작 … 金丸かほり

14

하이웨이스트
타이트 스커트

커리어우먼 이미지를 풍기는 하이웨이스트 스커트
입니다. 계절에 어울리는 색을 고르면 너무 강하지
않으면서 세련된 인상을 줍니다. 양 옆선에 주머니
를 달아 스타일이 한층 돋보입니다.

만드는 방법 → P.66

작품 제작 … 酒井三菜子

뒤 지퍼 트임이 단정한 느낌을 줍니다.

하이웨이스트 디자인은 다리가 길어 보이는 효과를 줍니다.

Point

1 다트 끝 처리는 미싱으로 되돌아박기 하면 손쉽고 예쁘게 만들 수 있습니다.

다트 처리 방법 →P.40

2 뒷스커트 밑단에 트임을 넣어 활동하기 편하게 만 들었습니다.

15

타이트 스커트

다트를 넣은 아름다운 실루엣의 타이트 스커트입니다. 소재나 같이 코디하는 아이템에 따라 다양한 느낌으로 연출할 수 있는 아이템입니다.

만드는 방법 → P.69

작품 제작 … 酒井三菜子

16

데님 랩 스커트

오른쪽 앞 밑단을 비스듬하게 자른 모던
한 데님 랩 스커트입니다. 튼튼한 데님 원
단을 사용하여 만들면 사계절 내내 입을
수 있습니다.

만드는 방법 → P.80

Point

안쪽 옆선을 단추로 고정하고 겉쪽
옆선을 스냅 단추로 여며 입는 랩
형태의 디자인입니다.

작품 제작 … 酒井三菜子

17

멜빵 스커트

소녀스러움을 한 층 더 높여주는 멜빵 스커트입니다. 허리에 달린 어깨끈과 스커트에 잡힌 풍성한 턱 주름의 조합이 매력적입니다. 편리함을 위해 옆주머니를 달아 완성했습니다.

만드는 방법 → P.76

작품 제작 ⋯ 太田順子

뒤허리에 고무줄을 넣어 착용감도 편합니다.

Point

뒤 어깨끈은 단추가 달려 있어
길이를 조절할 수 있습니다.

화이트 셔츠에 맞춘 모노톤 코디는 단정해 보이는 인상을 줍니다.

18

턱 장식 스커트

17 멜빵 스커트를 어깨끈 없이 만든 턱 스커트입니다. 적당한 두께의 코튼 리넨 원단을 사용하였고, 큼직한 도트무늬가 귀여운 인상을 줍니다.

만드는 방법 → P.76

⊙ Point

옆선에 주머니를 달았습니다.

옆주머니 다는 방법 → P.37

19

벌룬 스커트

내추럴한 분위기가 감도는 벌룬 스커트입니다. 중간
에 절개가 있어 입체적인 실루엣입니다. 허리에 고무
줄을 넣어 착용감도 좋습니다.

만드는 방법 → P.82

작품 제작 … 吉田みか子

20

플리츠 롱 스커트

앞스커트에 플리츠 장식을 넣은 고급스러운 스
커트입니다. 연한 샌드베이지 색상의 울 원단으
로 만들면 어디서든 입기 좋은 아이템이 됩니다.

만드는 방법 → P.73

Point

뒤허리에만 고무줄을 넣어서 상
의를 앞쪽에 넣어 입으면 예쁜
디자인입니다.

작품 제작 … 加藤容子

21

플리츠 스커트

20 플리츠 롱 스커트의 길이를 짧게 변형한 플리츠 스커트입니다. 타탄체크 원단을 사용하면 캐주얼하면서도 트렌디한 분위기를 줍니다.

만드는 방법 → P.73

작품 제작 … 加藤容子

22

센터 플리츠 스커트

스커트 중심에 플리츠 맞주름을 잡아 포인트를
준 스커트입니다. 봄·가을·겨울 세 시즌에 즐겨보
세요. 세련된 트위드 원단을 사용하여 제작하였
습니다.

만드는 방법 → P.86

작품 제작 … 加藤容子

23

센터 플리츠 포켓 스커트

22 센터 플리츠 스커트에 주머니를 달아 캐주얼하게 변형한 스커트입니다. 적당하게 힘이 있는 리넨 트윌 원단을 사용하여 완성하였습니다.

만드는 방법 → P.86

작품 제작 … 加藤容子

24

고어드 스커트

밑단으로 갈수록 예쁘게 퍼지는 실루엣이 매력적인 고어드 스커트입니다. 고어드 스커트의 특징인 세로로 이어진 절개선이 스타일을 더욱 돋보이게 합니다.

만드는 방법 → P.84

작품 제작 … 渋澤富砂幸

25

고어드 롱 스커트

<u>24</u> 고어드 스커트의 길이를 길게 변형한 스커트 입니다. 그만큼 플레어 분량도 늘어나 더 엘레강스한 분위기를 냅니다. 고급진 원단을 사용하면 격식있는 곳에서도 멋스럽게 연출할 수 있습니다.

만드는 방법 → P.84

작품 제작 … 渋澤富砂幸

스커트를 깔끔하게 완성하는 Tip

스커트를 깔끔하게 완성하는 Tip을 설명합니다.

원단 고르는 방법

스커트 원단은 두께와 유연한 정도에 따라 외관에 중요한 영향을 줍니다. 주름 스커트 등 볼륨감이 있는 디자인은 얇은 두께부터 중간 두께의 원단, 타이트 스커트 등 슬림한 디자인은 빳빳한 원단이 적합합니다. 레이스와 같이 비치는 소재를 사용할 때는 안감을 달아 완성하면 착용감이 좋아집니다. 안감을 다는 것이 어려우면 한 겹으로 만들어도 좋지만, 가능하면 페티코트를 함께 착용하는 것을 추천합니다.

스커트는 상의와는 달리 어울리지 않는 색, 평소에 입지 않는 무늬 등 다양한 모험을 해볼 수 있는 아이템이기도 하며, 반대로 베이직한 색과 소재를 고르면 언제 어디서든 코디하기 좋은 아이템이 됩니다. 원단을 고르기가 어렵다면 거울 앞에서 하의에 원단을 대보세요. 그다음 고른 원단에 상의는 뭐가 어울리는지 자신의 옷장을 떠올리면서 원단을 고르면 완성한 후의 즐거움도 늘어날 것입니다.

턱 스커트

약간 빳빳한 면, 마, 울 등을 추천합니다. 비치는 원단을 고르면 턱으로 원단이 겹친 부분은 색이 달라져 보이거나 무늬가 이중으로 보이기 때문에 깔끔하지 않은 인상을 줍니다. 두꺼운 데님 등 고밀도의 원단도 바느질이 어렵기 때문에 초보자들에게 적합하지 않습니다. 원단을 3장 겹쳐 가정용 미싱으로 봉합할 수 있는 두께를 추천합니다.

추천

레이온, 리넨 혼방 캔버스 샴브레이

면, 마 혼방 시팅

주름 스커트

얇은 두께부터 중간 두께의 면, 마, 더블 거즈, 폴리에스테르 등을 추천합니다. 얇은 원단은 주름이 많이 들어간 디자인과 잘 어울립니다. 소량의 주름이 오히려 초라해 보이는 경우가 있기 때문에 적당한 볼륨감이 생기도록 풍성한 주름을 줍니다.

추천

얇은 프렌치 거즈

빳빳한 폴리에스테르

테일 컷 스커트

뒤가 긴 테일 컷의 스커트는 앞에서 보면 안쪽이 보이기 때문에 겉과 안이 차이가 없는 원단을 추천합니다. 프린트 원단은 안쪽이 하얀 경우가 많아 피하는 쪽이 좋습니다. 선염의 무지, 스트라이프, 체크 등의 원단을 고르는 것이 좋습니다.

추천

겉과 안이 차이가 없는 프렌치 리넨 캔버스

플레어 스커트

실루엣이 예쁘게 나오도록 어느 정도 빳빳한 면, 마, 울, 트윌, 얇은 데님 등을 추천합니다. 이어지는 부분이 바이어스 방향이 되는 경우가 많기 때문에 잘 늘어나는 원단은 피하는 쪽이 좋습니다. 또 한쪽 방향으로 프린트된 원단으로 만들면 바이어스 방향으로 무늬가 틀어질 수 있어 피하는 것이 좋습니다. 스트라이프나 체크는 무늬의 변화가 재밌는 요소가 되기 때문에 추천합니다.

추천

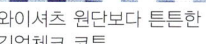

와이셔츠 원단보다 튼튼한 깅엄체크 코튼

큰 무늬의 리넨 프린트

플리츠 스커트

면, 폴리에스테르 혼방 원단, 트윌, 서머 울(여름용), 개버딘 등을 추천합니다. 나일론, 폴리에스테르, 스웨이드 등 다리미 열에 약한 것은 피해 주세요. 면이나 마는 접음선을 주기에는 편하지만, 그만큼 주름이 지기 쉽기 때문에 앞스커트에만 플리츠를 넣는 것을 추천합니다. 플리츠는 주름 안쪽에서 다림질하면 접음선이 젖혀지지 않고 예쁘게 만들 수 있습니다.

추천

플리츠를 튼튼하게 접을 수 있는 고밀도 트윌 체크

견고한 촉감의 서머 울(여름용)

타이트 스커트

튼튼한 면 트윌, 데님, 울 등을 추천합니다. 몸에 딱 맞는 디자인이기 때문에 앉았을 때 솔기가 찢어지는 일이 없도록 튼튼한 원단을 골라주세요. 지퍼를 다는 경우에는 올이 잘 풀리지 않는 원단을 고르면 쉽게 만들 수 있습니다.

추천

너무 두껍지 않아 봉합하기 쉬운 면 트윌

가정용 미싱으로 봉합할 수 있는 10수 데님

마 소재 스커트

마 소재는 재단하기 전에 한 번 손빨래하는 것을 추천합니다. 작품으로 만들었을 때 줄어드는 것을 방지하고 독특한 촉감을 내기 때문입니다. 세탁기에 물을 채우고 2~3시간 담가 두거나 손빨래 코스 등으로 가볍게 빨아도 좋습니다. 탈수 후에는 손으로 탁탁 두드려 주름을 펴고 그늘에서 건조합니다.

추천

독특한 촉감이 매력인 디보트 리넨

청량감 넘치는 소프트한 프렌치 리넨 캔버스

비치는 소재의 스커트

레이스 등 비치는 소재를 사용할 때는 안감을 달아주세요. 허리에 고무줄을 넣어 만드는 경우에는 고무줄 색을 고려해서 흰색 계열이나 검은색 계열로 만드는 것을 추천합니다.

추천

바탕이 블랙인 론 플라워 레이스

안감은 블랙의 무지

지퍼, 주머니, 고무줄 다는 방법 및 다트, 밑단 처리 방법

이 책에 많이 사용하는 봉합 방법을 사진으로 자세하게 설명합니다.

콘실지퍼 다는 방법

콘실지퍼를 사용한 작품

P.6-**3**　　　　P.7-**4**　　　　P.17-**13**　　　　P.18-**14**　　　　P.20-**15**

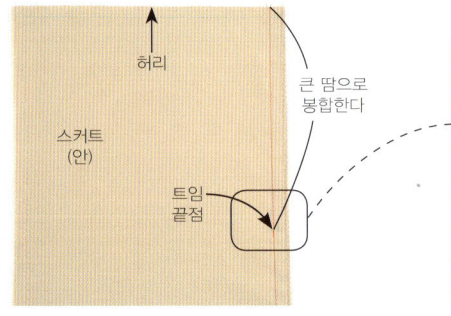
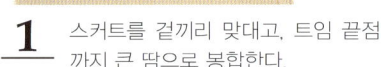

허리

스커트
(안)

큰 땀으로
봉합한다

트임
끝점

트임
끝점

되돌아
박기

N

1 스커트를 겉끼리 맞대고, 트임 끝점
까지 큰 땀으로 봉합한다.

트임 끝점에서부터 밑단쪽은 보통의 땀으로
되돌아박기를 하고 나서 봉합한다.

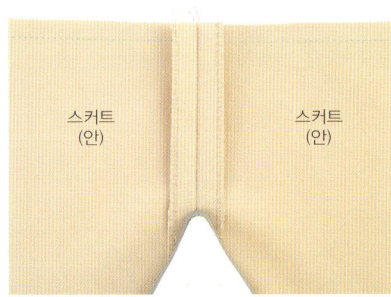

스커트
(안)

스커트
(안)

2 시접을 가름솔한다.

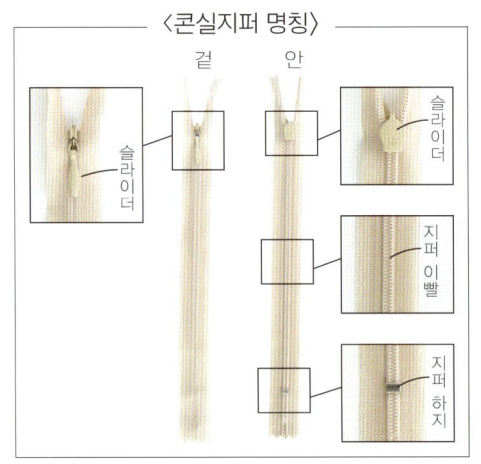

〈콘실지퍼 명칭〉

겉　　안

슬
라
이
더

슬
라
이
더

지
퍼
이
빨

지
퍼
하
지

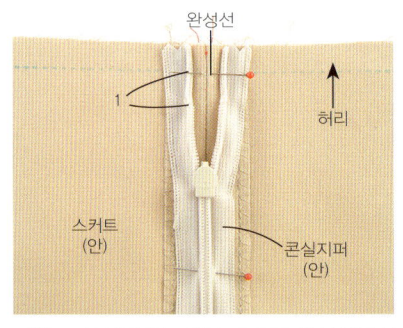

완성선

1

허리

스커트
(안)

콘실지퍼
(안)

3 콘실지퍼는 지퍼 상지를 완성선에서
1cm 내린 위치에 단다.
(디자인에 따라 조금씩 다르므로 만
드는 방법 페이지를 참고)

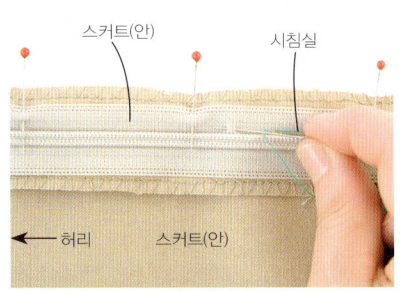

스커트(안)

시침실

허리　스커트(안)

4 지퍼 이빨의 중심과 솔기를 맞추고
지퍼와 시접을 시침실로 봉합한다.

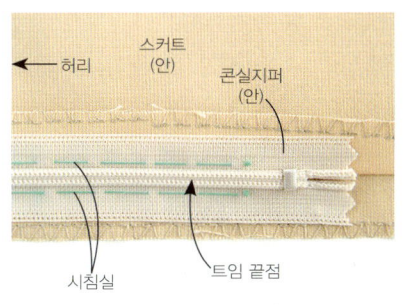

5 반대쪽도 같은 방법으로 만든다.

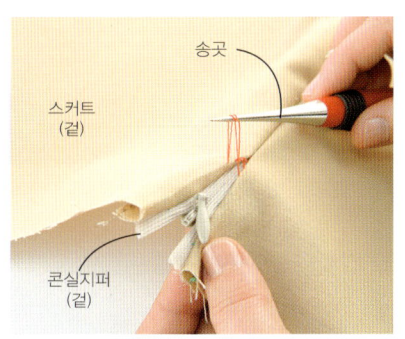

6 큰 땀으로 봉합한 실을 제거한다.
(송곳을 사용하면 쉽게 제거할 수 있다)

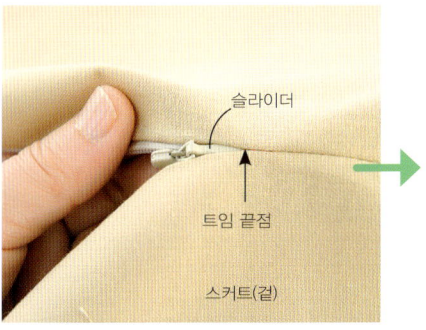

7 슬라이더를 트임 끝점에서 안쪽으로
꺼내고, 마지막까지 내린다.

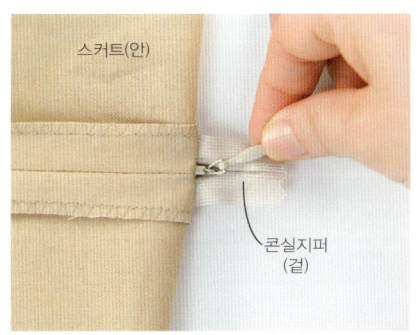

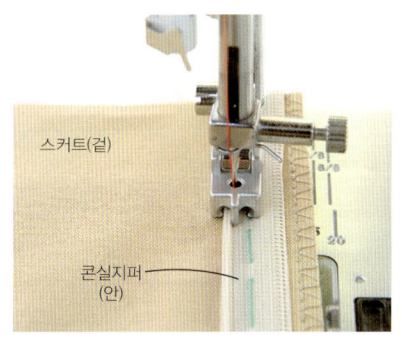

8 다리미로 지퍼 이빨을 세운다.
(다리미의 온도는 중온 또는 140~
160도 정도로 설정한다)

9 노루발을 콘실지퍼 노루발로 갈아끼
우고, 노루발의 홈에 지퍼 이빨을 끼
워 넣어 봉합한다.

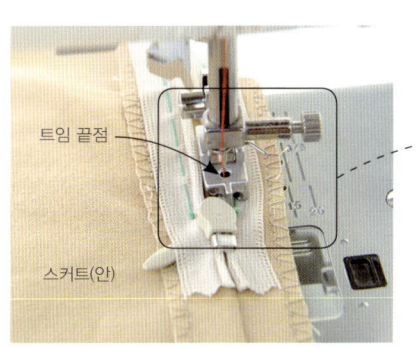

10 트임 끝점까지 봉합한다.

〈콘실지퍼 노루발〉

콘실지퍼 전용 노루발. 지퍼 이빨을 세워서
지퍼 이빨의 가장자리를 봉합할 수 있다.

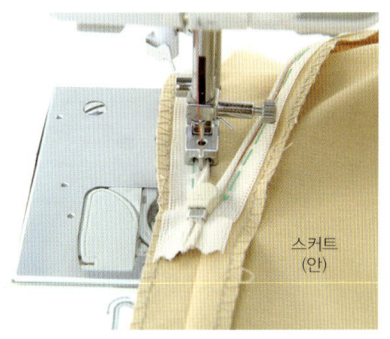

11 반대쪽도 같은 방법으로 만든다.

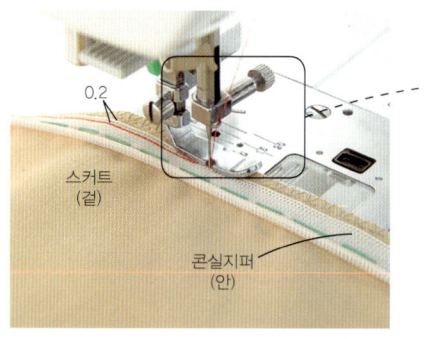

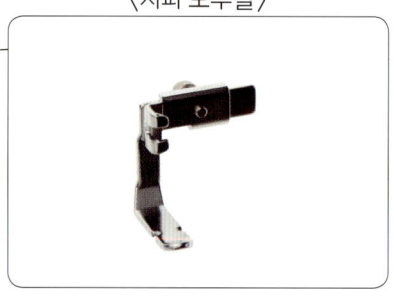

〈지퍼 노루발〉

12 노루발을 지퍼 노루발로 바꿔 끼우고, 지퍼 테이프의 끝을 시접에 고정 봉합한다.

노루발이 좌우로 움직일 수 있어서 노루발이 지퍼 이빨에 걸리지 않게 봉합할 수 있습니다.

13 트임 끝점으로부터 2~3cm 아래까지 봉합한다.

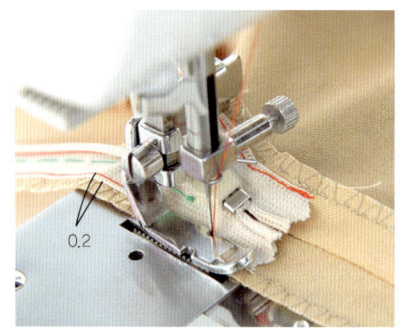

14 반대쪽도 같은 방법으로 만든다.

〈봉합한 모습〉

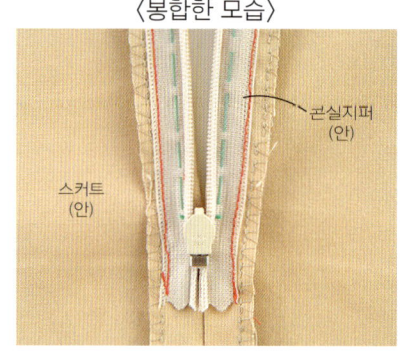

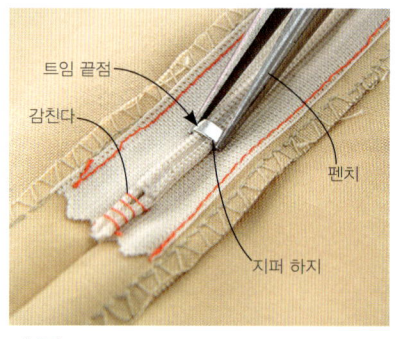

15 시침실을 제거한다.
(송곳을 사용하면 쉽게 제거할 수 있다)

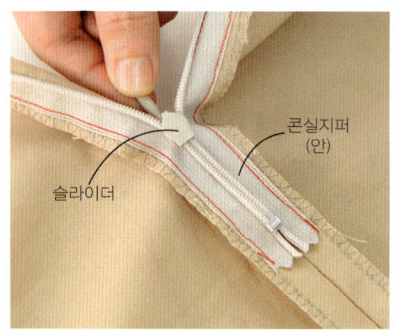

16 슬라이더를 겉으로 꺼내고, 트임 끝점보다 올린다.

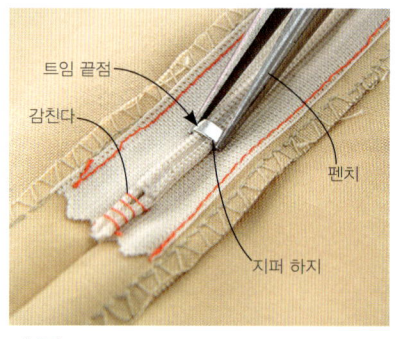

17 지퍼 하지를 트임 끝점의 위치로 이동하고, 움직이지 않도록 펜치로 조인다. 지퍼의 아랫부분을 감친다.

〈봉합한 모습〉

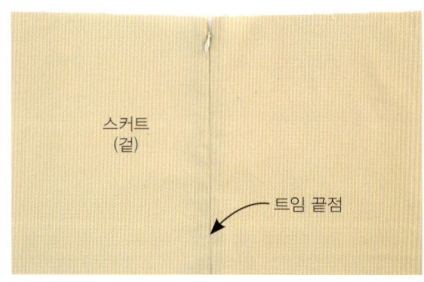

겉쪽

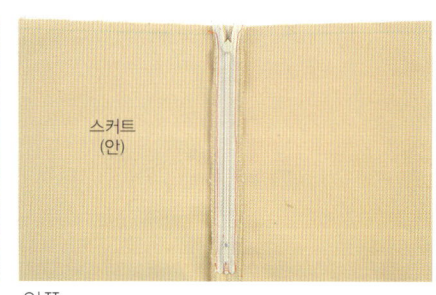

안쪽

옆주머니를 사용한 작품

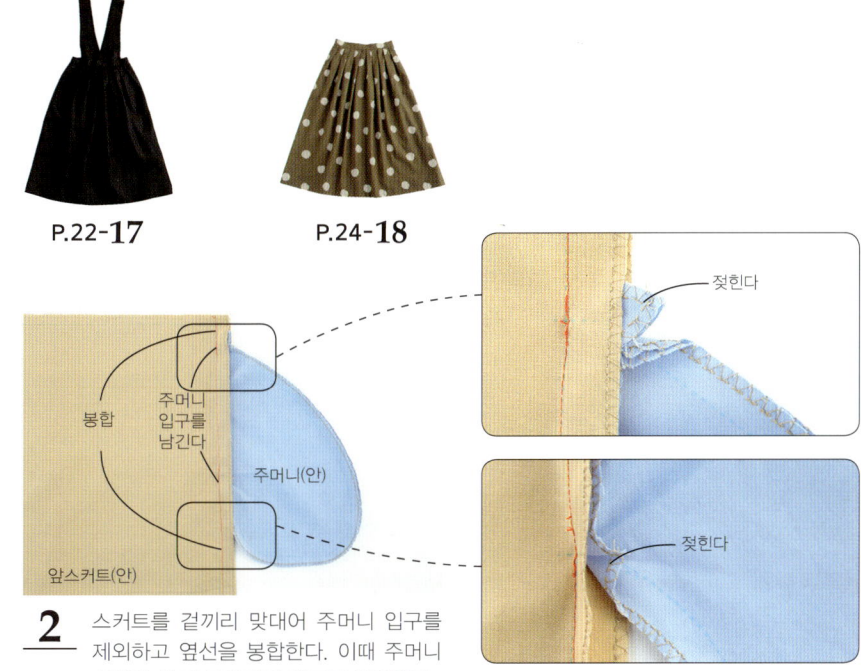

P.22-**17** P.24-**18**

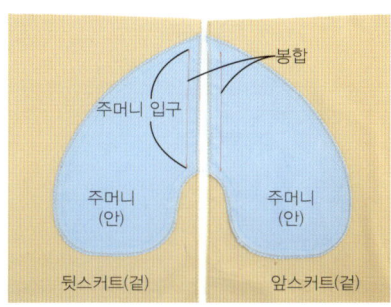

1 스커트와 주머니를 겉끼리 맞대 주머니 입구를 봉합한다.

2 스커트를 겉끼리 맞대어 주머니 입구를 제외하고 옆선을 봉합한다. 이때 주머니 시접이 함께 봉합되지 않도록 주의한다.

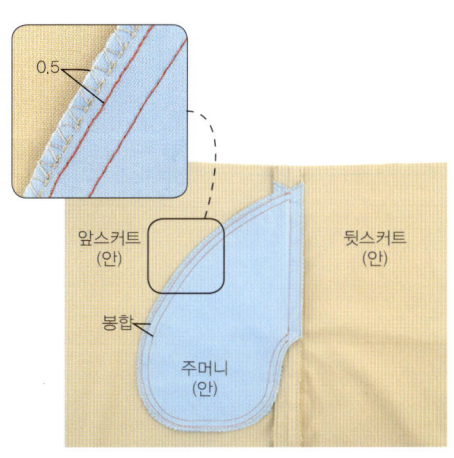

3 시접을 가름솔하고 앞스커트의 주머니 입구를 상침한다.

4 주머니 2장을 겉끼리 맞대어 완성선을 봉합하고, 다시 한 번 더 고정 봉합한다.

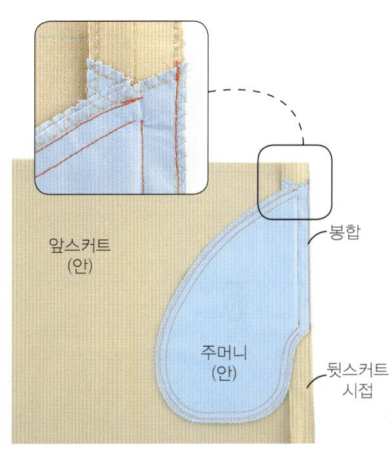

5 스커트를 겉끼리 맞대고 뒷스커트쪽 주머니의 시접 끝을 봉합한다.

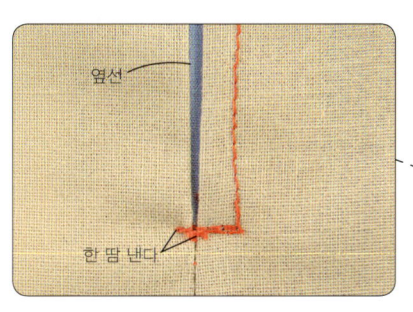

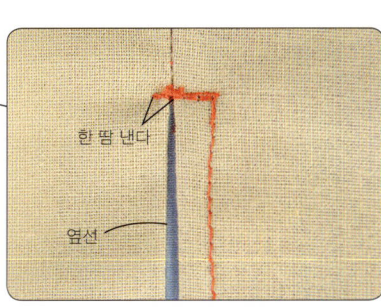

6 스커트를 겉이 보이게 놓고 주머니 입구의 위아래를 2～3회 겹쳐 되돌아박기한다.

고무줄 다는 방법

고무줄을 사용한 작품

P.12-**8**	P.16-**12**	P.22-**17**	P.24-**18**	P.26-**20**

P.27-**21**	P.28-**22**	P.29-**23**

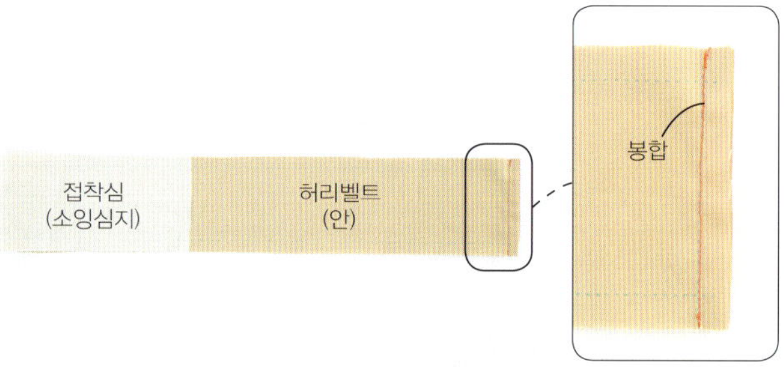

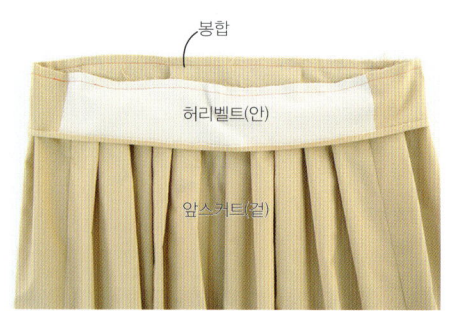

접착심 (소잉심지)   허리벨트 (안)

봉합

1 허리벨트를 겉끼리 맞대어 반으로 접고 뒷중심을 봉합한다.

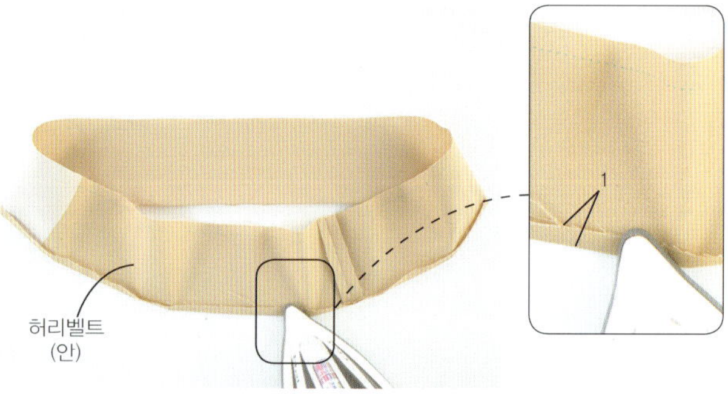

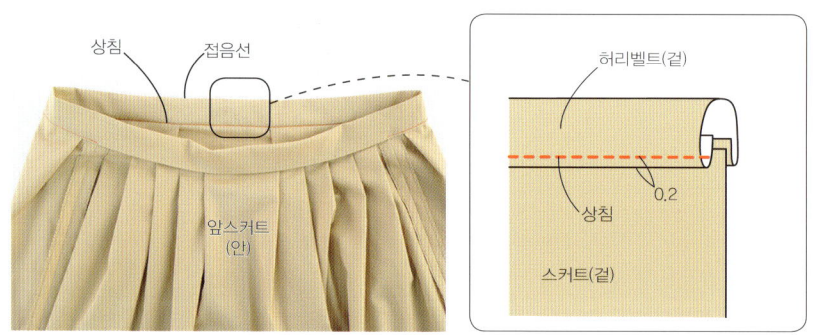

허리벨트 (안)

1

2 허리벨트의 한 쪽 시접을 1cm 간격으로 접어 다린다.

봉합   허리벨트(안)

앞스커트(겉)

3 스커트와 허리벨트를 겉끼리 맞대어 허리 둘레를 봉합한다.

상침   접음선

앞스커트 (안)

허리벨트(겉)

상침

0.2

스커트(겉)

4 허리벨트를 접음선에 맞춰 접고, 뒤허리벨트만 겉쪽에서 0.2cm 간격으로 상침한다.

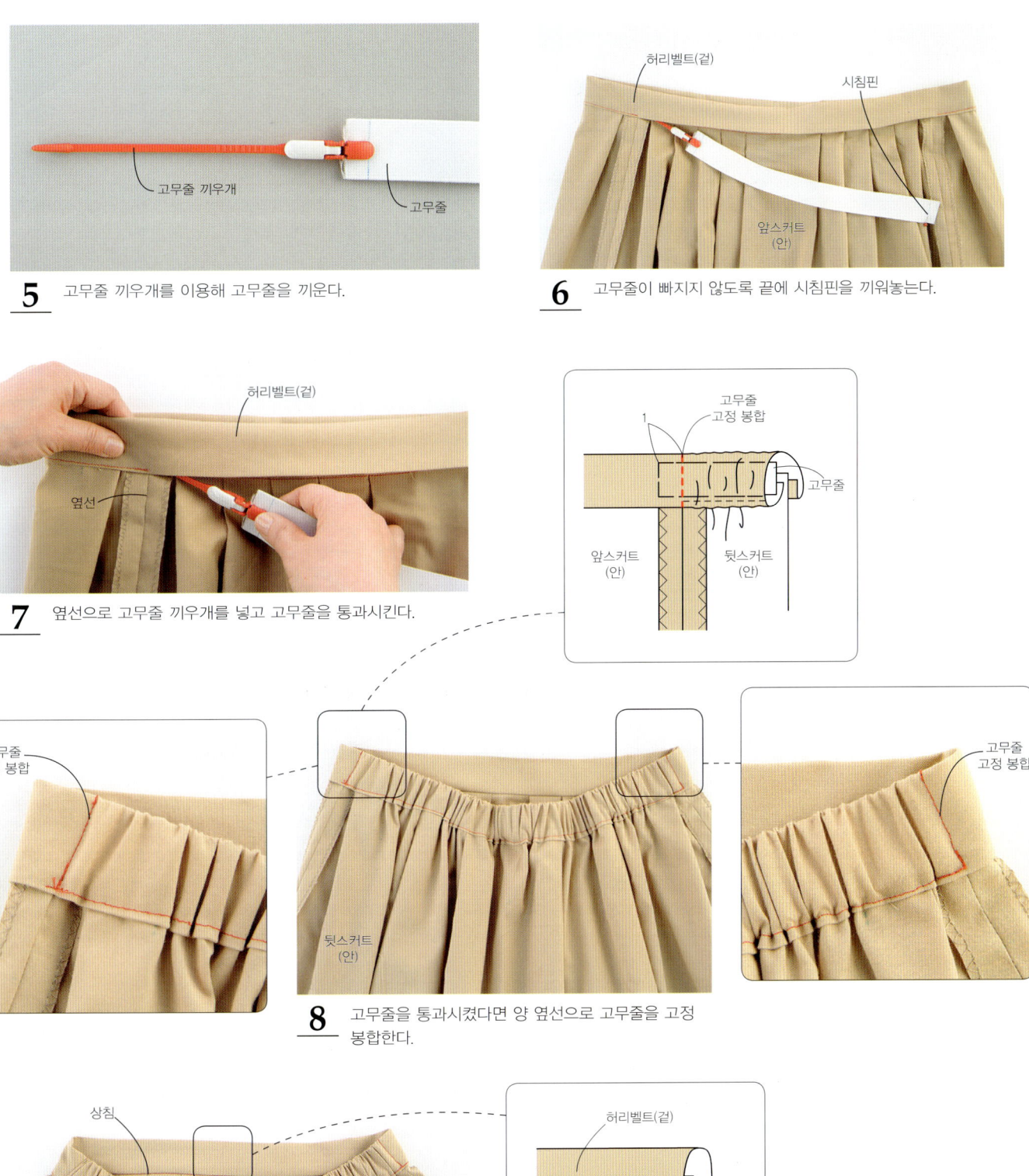

5 고무줄 끼우개를 이용해 고무줄을 끼운다.

고무줄 끼우개

고무줄

6 고무줄이 빠지지 않도록 끝에 시침핀을 끼워놓는다.

허리벨트(겉)

시침핀

앞스커트
(안)

7 옆선으로 고무줄 끼우개를 넣고 고무줄을 통과시킨다.

허리벨트(겉)

옆선

1

고무줄
고정 봉합

고무줄

앞스커트
(안)

뒷스커트
(안)

고무줄
고정 봉합

뒷스커트
(안)

고무줄
고정 봉합

8 고무줄을 통과시켰다면 양 옆선으로 고무줄을 고정 봉합한다.

상침

뒷스커트
(안)

허리벨트(겉)

상침

0.2

스커트(겉)

9 **4**번 과정과 같은 방법으로 겉쪽에서 앞허리벨트에 상침한다.

다트 처리 방법

다트를 사용한 작품

P.14-**10**

P.15-**11**

P.18-**14**

P.20-**15**

P.21-**16**

P.26-**20**

P.27-**21**

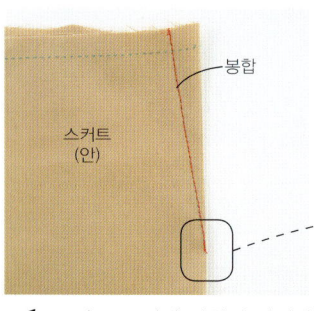

1 다트 표시에 맞춰서 겉끼리 맞대어 접고 봉합한다. 다트의 끝은 2~3땀 되돌아박기한다. 되돌아박기를 할 때는 원단의 바깥쪽으로 바늘땀을 낸다.

2 다트를 봉우마 위에서 다트의 끝을 짓누르지 않도록 다리미를 이용해 중심쪽으로 넘긴다.

〈봉합한 모습〉

다트 끝에 예쁜 볼륨감이 나온다.

밑단 정리하는 방법

1 밑단 시접을 완성선에 맞춰 접어 안쪽에서 짧은 바늘로 뜨고 스커트쪽은 1~2땀을 떠서 공그르기한다.

〈봉합한 모습〉

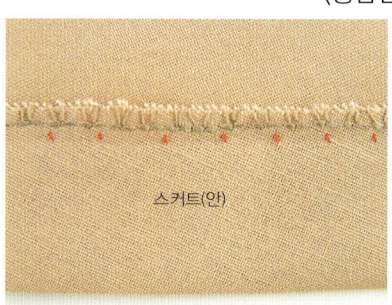

안쪽

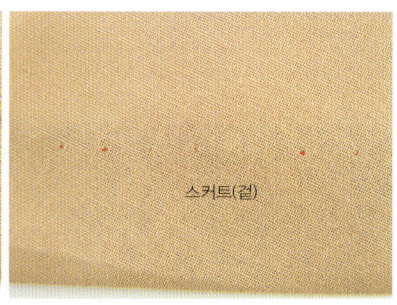

겉쪽

두 번 접어 상침하는 방법

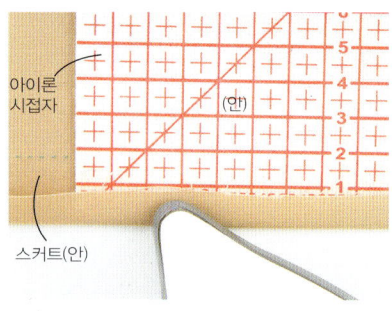

1 시접을 다리미로 1cm로 접어 다린다.

2 완성선에 맞춰 다리미로 한 번 더 접어 다린다.

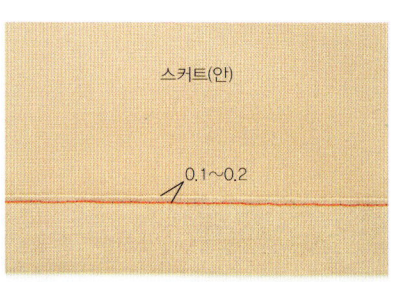

3 두 번 접은 끝을 상침한다

1 실물크기 패턴이 서적 안에 동봉되어 있는지 확인한다

◆ 만들고 싶은 작품 번호의 패턴이 어떤 선으로 표시되어 있는지,
몇 장으로 나누어져 있는지 확인해주세요.

2 실물크기 패턴을 다른 종이에 베껴 그린다

불투명한 종이에 베끼는 경우

불투명한 종이 위에 실물크기 패턴을 올려 놓습니다.
그 사이에 초크페이퍼를 끼우고, 소프트룰렛으로 패
턴의 선을 따라 그려줍니다.

④패턴
②불투명한 종이
③초크페이퍼
(초크가 묻어있는 면을 불투명한 종이를 향해 놓는다)
①두꺼운 종이 (책상이 손상되지 않도록 가장 아래에 놓는다)
⑤소프트룰렛 (날이 둥글기 때문에 책상이 손상되지 않고 표시만 베껴 그릴 수 있습니다.)

비치는 종이에 베끼는 경우

실물크기 패턴 위에 비치는 종이(패턴지)를
올려 놓고, 펜으로 베껴 그려줍니다.

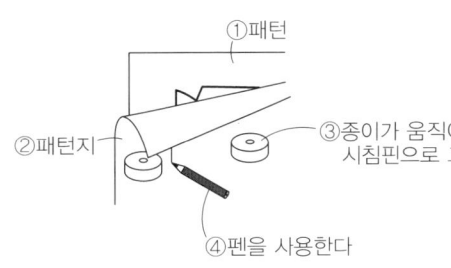

①패턴
②패턴지
③종이가 움직이지 않도록 문진이나 시침핀으로 고정한다
④펜을 사용한다

[패턴을 베낄 때 주의]
● [맞춤점] [단추 다는 위치] [트임 끝점]
[올 방향] 등도 잊지 않고 베끼고, 패턴
각 부분의 [명칭]도 기입합니다.
● 한 장의 패턴 안에 [앞몸판, 앞안단] 등
다른 패턴이 기입된 패턴이 있습니다.
베낄 때는 각각 베껴 사용합니다.

3 시접을 주고 패턴을 자른다

◆ 패턴에 시접이 포함되어 있지 않기 때문에 각 작품의 재단배치도에 기재된 치수에 따라 시접을 더해주세요.

[시접을 줄 때 주의점]
● 서로 맞춰 봉합할 곳의 시접은 원칙적
으로 같은 폭으로 합니다.
● 완성선에 평행하게 시접을 줍니다.
● 암홀둘레, 어깨, 밑단에 시접을 줄 때는
베낄 종이의 여백을 남기고, 시접을
접어서 잘라 시접이 부족하지 않도록
합니다. (예 참고)
● 원단 소재의 성질(두께, 늘어남분)이나
트임 위치(뒷중심, 앞중심 등) 봉제 방법
에 따라서 시접폭은 달라집니다. 반드
시 재단배치도의 각 부위의 시접량을
지켜 주세요.

시접을 준다

예
②시접을 접는다
여백
완성선
①시접 치수 (원단의 재단배치도를 참고하여 시접을 준다)
패턴
시접
②시접을 접는다

②시접을 접는다
여백
완성선
패턴
시접
②시접을 접는다

자른다

③시접을 자르고 펼치면 각도가 생긴다
④이 튀어나온 부분이 중요
패턴
패턴

⑥잘라냈으면 패턴명과 올 방향 등이 기입이 되어있는지 체크한다
⑤기입한다
스커트

4 패턴을 원단 위에 배치하고, 원단을 재단한다

● 필요한 패턴을 원단 위에 올려 놓습니다.
이때, 설명서의 재단배치도를 참고하여
원단 접는 방법과 패턴의 올 방향(식서)
등에 주의하면서 패턴을 배치하고, 원단
이 움직이지 않도록 문진이나 시침핀으
로 고정하면서 재단합니다.

①큰 책상이 없으면 마루 등 원단을 펼칠 수 있는 공간에서 재단한다
②패턴을 전부 놓아 보고 배치를 생각한다
③원단의 올 방향과 패턴에 준 올 방향선 (←→)의 방향을 맞춰서 패턴을 배치한다
*올 방향(식서라고 한다. 원단의 올)
*세로실의 방향을 식서, 가로실의 방향을 무서라고 한다
④재단할 때 원단을 움직이면 어긋나기 때문에 몸을 움직여가면서 재단한다
⑤직선 패턴은 실물크기 패턴이 없으므로 직접 원단에 그려 재단한다

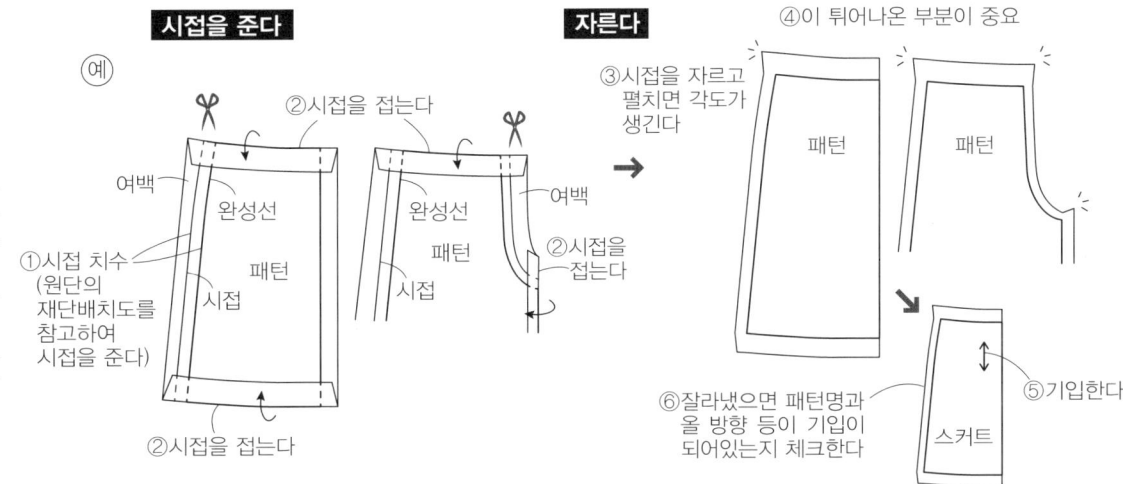

사이즈표 (채촌 치수)

(단위:cm)

항목＼사이즈	S	M	L	LL
허리둘레	62	66	70	76
엉덩이둘레	88	90	94	98
허리길이	19	20	21	21
밑위길이	25	26	27	28
밑아래길이	62	65	67	69
키	153	158	162	166

기본 용어

겉끼리 맞댄다…원단의 겉면끼리를 안쪽에서 맞추는 것.
　　　　　　안쪽 면이 바깥쪽으로 나온다.
안끼리 맞댄다…원단의 안쪽면끼리를 안쪽에서 맞추는 것.
　　　　　　겉면이 바깥쪽으로 나온다.

제도 기호

────	완성선 (굵은 지시선)	⟷	올 방향 (화살표 방향으로 원단의 식서를 맞춘다
───	안내선 (가는 지시선)	⌒⌒⌒	등분선 (같은 치수를 나타낸다)
───→	안내선 (선을 연장한)	● ○ × △ ◒ ✕ ★ etc.	같은 기호끼리 맞춰서 봉합하는 표시
─ ─ ─	골선으로 재단하는 선 접음선		심지표시
⊖	연결하여 맞추는 표시		
└	직각표시		
○ 단추　　＋ 걸고리			

주름 접는 표시를 나타낸다
(사선의 높은 쪽부터 낮은 쪽을 향해 원단을 접는다)

재단배치도 보는 방법

서적의 실물크기 패턴에는 시접이 포함되어 있지 않습니다.
제작 방법 페이지와 [재단배치도]를 참고하여 시접을 더해
주고. 원단을 재단합니다.

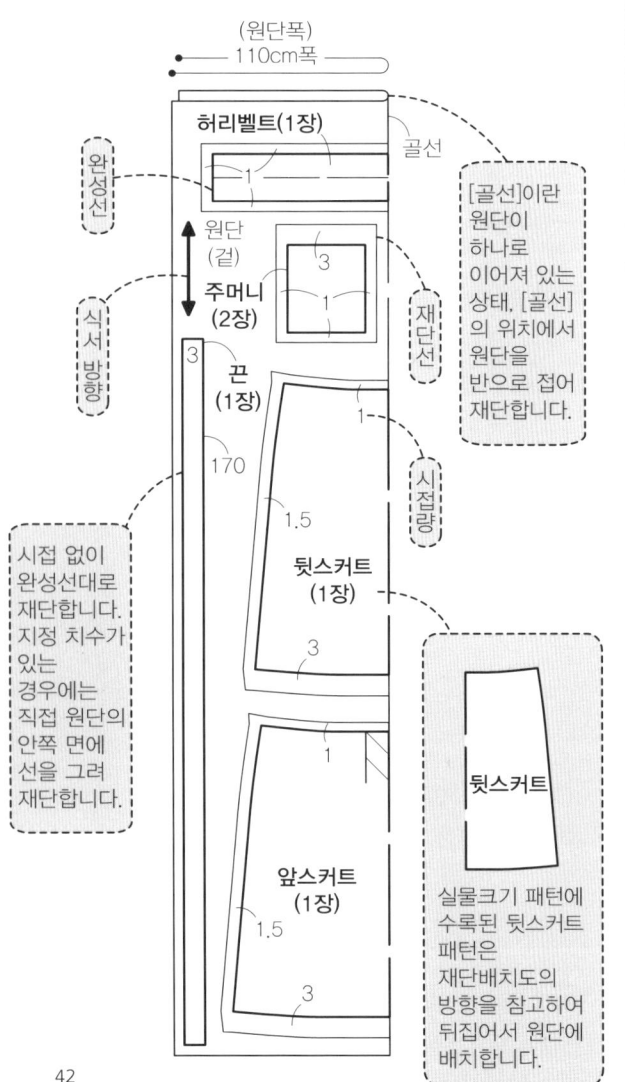

(원단폭)
110cm폭

완성선
식서 방향

허리벨트(1장)　　골선
주머니(2장)
끈(1장)
170
1.5
뒷스커트(1장)
3
1
앞스커트(1장)
1.5
3

재단선
시접량

[골선]이란 원단이 하나로 이어져 있는 상태. [골선]의 위치에서 원단을 반으로 접어 재단합니다.

시접 없이 완성선대로 재단합니다. 지정 치수가 있는 경우에는 직접 원단의 안쪽 면에 선을 그려 재단합니다.

뒷스커트

실물크기 패턴에 수록된 뒷스커트 패턴은 재단배치도의 방향을 참고하여 뒤집어서 원단에 배치합니다.

원단의 방향

식서…원단을 짤 때의 세로실 방향.
　　　셀비지와 평행하다.

푸서…원단을 짤 때의 가로실 방향.
　　　원단 폭과 평행하다.

바이어스…원단의 식서에 대하여 비스듬한
　　　45도 방향.
　　　가장 잘 늘어나는 성질이 있고,
　　　곡선의 바이어스 처리에 많이
　　　쓰이고 있다.

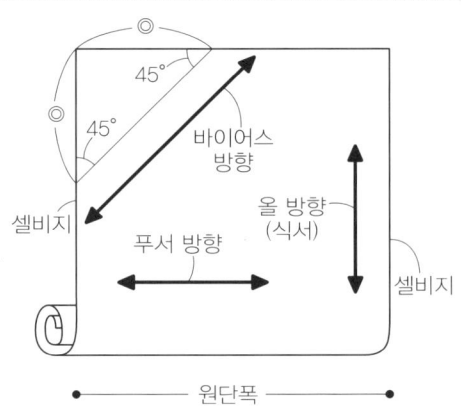

45°
45°
바이어스 방향
셀비지
푸서 방향
올 방향 (식서)
셀비지
원단폭

완성선 그리는 방법

①2장 함께 재단한 경우
원단사이(안쪽 면)에 양면 초크페이퍼를
끼우고. 완성선을 소프트룰렛으로 따라
그립니다. 맞춤점과 주머니 다는 위치도
잊지 않고 표시해주세요.

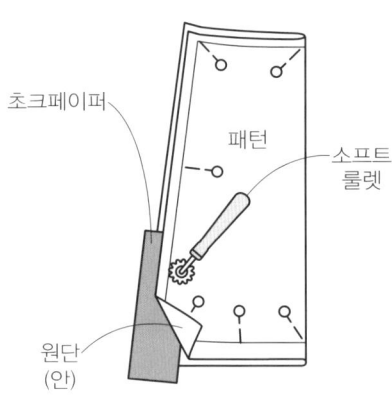

초크페이퍼
패턴
소프트 룰렛
원단 (안)

②1장씩 재단한 경우
원단의 안쪽 면과 단면 초크페이퍼의
초크가 묻은 면을 맞대고, 완성선을
소프트룰렛으로 따라 그립니다.

접착심(소잉심지) 붙이는 방법

다리미는 문지르지 않고 누르는 면을
절반씩 겹쳐. 빈틈이 생기지 않도록
꾹꾹 눌러가면서 접착심(소잉심지)을
붙입니다.

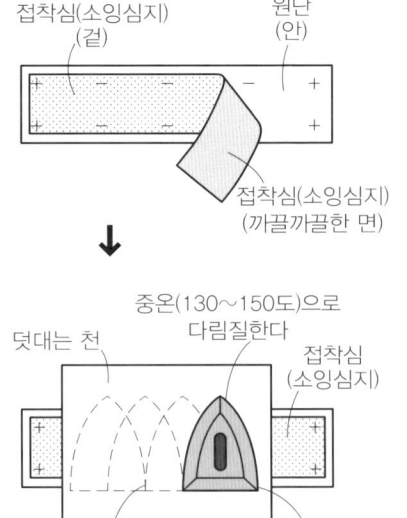

접착심(소잉심지) (겉)
원단 (안)
접착심(소잉심지) (까끌까끌한 면)

중온(130~150도)으로 다림질한다
덧대는 천
접착심 (소잉심지)
빈틈이 생기지 않도록 다리미를 이동한다
10초씩 누른다

봉합 방법

봉합의 시작과 끝은 올이 풀리지 않도록 되돌아박기 합니다. 되돌아박기는 같은 바늘땀 위를 2~3회 겹쳐서 봉합합니다.

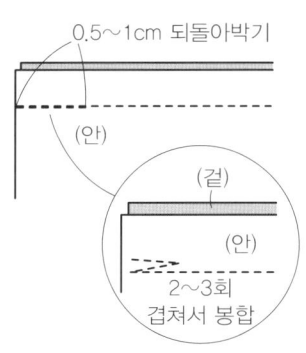

0.5~1cm 되돌아박기

(안)

(겉)
(안)
2~3회 겹쳐서 봉합

◆모서리 봉합하는 방법

모서리의 한 땀을 건너뛰고 봉합하면 겉으로 뒤집었을 때, 모서리가 깔끔하게 완성됩니다.

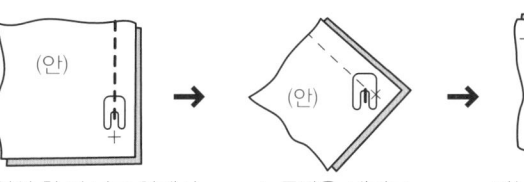

완성선 한 땀 바로 앞에서 바늘을 꽂은 상태로 노루발을 올리고, 원단을 회전시킨다.

노루발을 내리고, 한 땀 비스듬하게 봉합한다.

바늘을 꽂은 상태로 노루발을 올리고, 원단을 회전시켜서 이어 봉합한다.

바이어스천 만드는 방법

*바이어스천 재단 폭 = 완성폭x2+0.1~0.5(늘어나는 분량)

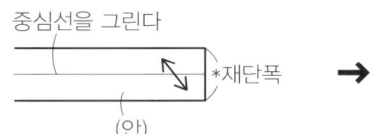

중심선을 그린다
*재단폭
(안)

(안)
원단 끝을 선에 맞춰 접는다

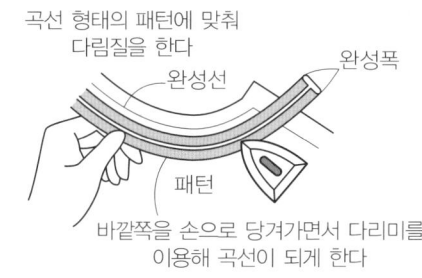

곡선 형태의 패턴에 맞춰 다림질을 한다
완성선
완성폭
패턴
바깥쪽을 손으로 당겨가면서 다리미를 이용해 곡선이 되게 한다

바이어스천 잇는 방법

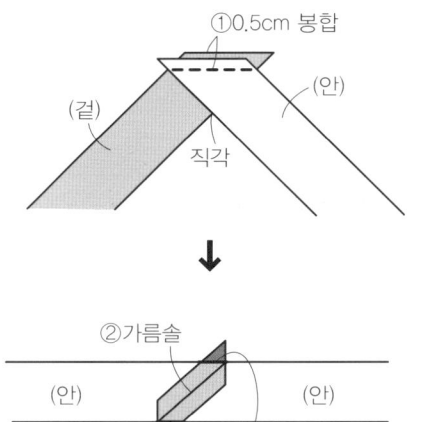

①0.5cm 봉합
(겉)
(안)
직각

②가름솔
(안)
(안)
③자른다

걸고리 다는 방법

*걸고리 다는 위치는 만드는 방법 페이지 참고

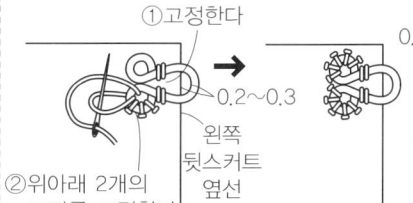

◆왼쪽 뒷스커트 안쪽

①고정한다
0.2~0.3
왼쪽 뒷스커트 옆선
②위아래 2개의 고리를 고정한다

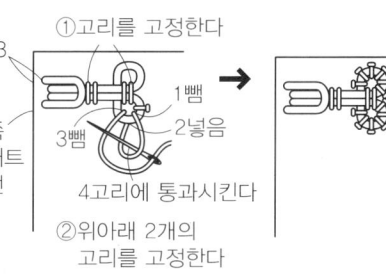

◆왼쪽 앞스커트 안쪽

①고리를 고정한다
0.2~0.3
왼쪽 앞스커트 옆선
1뺌
3뺌
2넣음
4고리에 통과시킨다
②위아래 2개의 고리를 고정한다

단춧구멍 크기

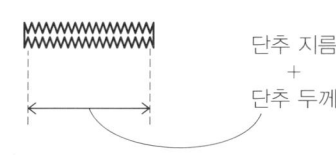

단추 지름
+
단추 두께

스냅 단추 다는 방법

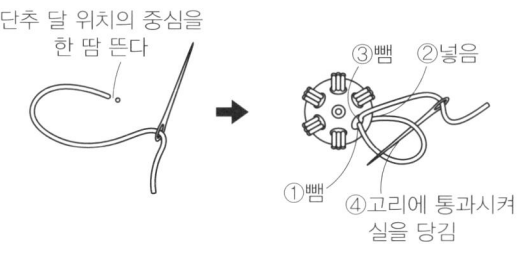

단추 달 위치의 중심을 한 땀 뜬다

③뺌
②넣음
①뺌
④고리에 통과시켜 실을 당김

완성 사이즈 표기

◆허리벨트 부분까지 이어서 재단하는 경우

옷길이
앞

◆허리벨트가 없는 경우

옷길이
앞

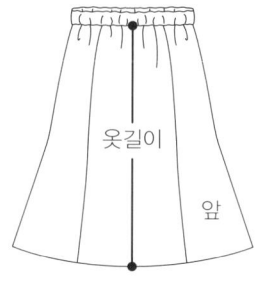

◆허리벨트가 달린 경우 (허리벨트 길이를 뺀다)

옷길이
앞

1 (p.2)

재료 겉감(캔버스 샴브레이) ······ 145cm폭 x 190cm(S) / **190cm(M)** / 200cm(L) / **200cm(LL)**

고무줄 ······ 3cm폭 x 65cm(S) / **70cm(M)** / 75cm(L) / **80cm(LL)**

패턴에 대해서 * 모든 패턴은 기재된 치수로 직접 제도하여 사용합니다.

* 재단배치도에서 굵은 실선은 완성선, 얇은 실선은 재단선입니다.

완성 사이즈

단위: cm

사이즈	S	M	L	LL
옷길이	75	79	81.5	83

사이즈 표시	재단배치도 선 표시	
S 사이즈	———	완성선
M사이즈	——	재단선
L 사이즈	- - -	골선
LL사이즈		
1개만 작성된 숫자는 공통		

겉감 재단배치도

145cm폭

4

끈감
(1장)

19 / 10 / 6

13 / 13

0

7 안단

봉합
끝점

골선

앞스커트
(1장)

75
79
81.5
83

172
180
188
196

49
50
51
52.5

4

190
190
200
200

원단
(안)

19 / 10 / 6

13 / 13

0

7 안단

봉합
끝점

골선

뒷스커트
(1장)

75
79
81.5
83

고리감
(4장)

2
4

49
50
51
52.5

4

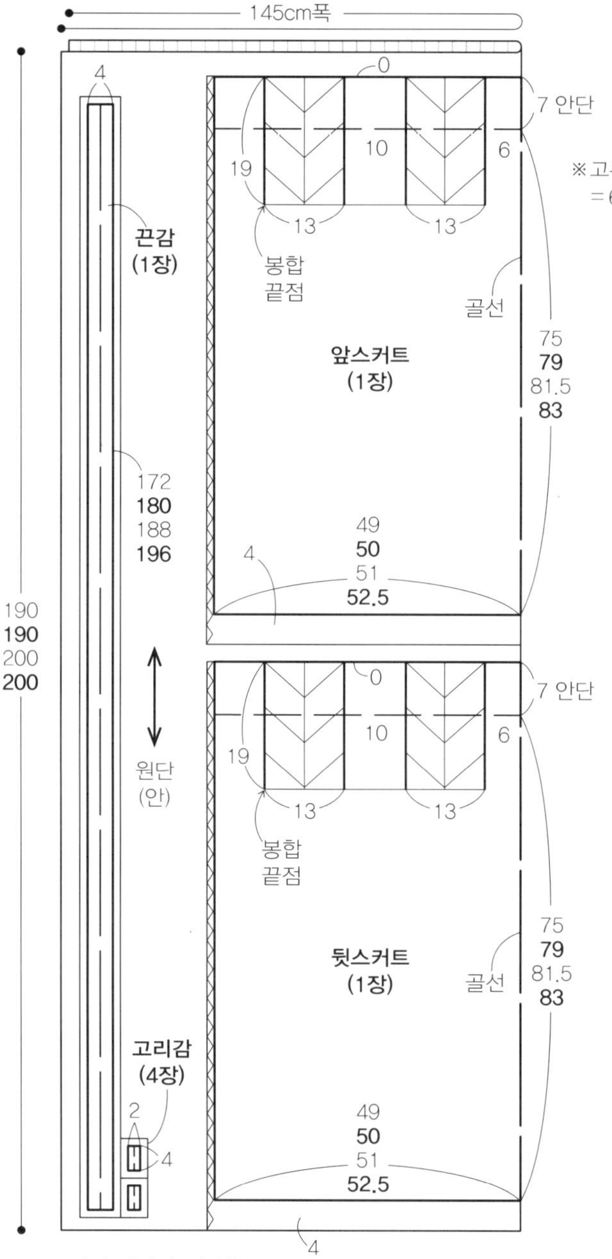

※지정 이외의 시접은 1cm
※〰〰 = 지그재그봉제 또는 오버록 처리한다

※고무줄 길이(시접 2cm 포함)
= 64 / **68** / 72 / **78**

〈고리감 다는 위치〉
만드는 방법 **4**에서 사용

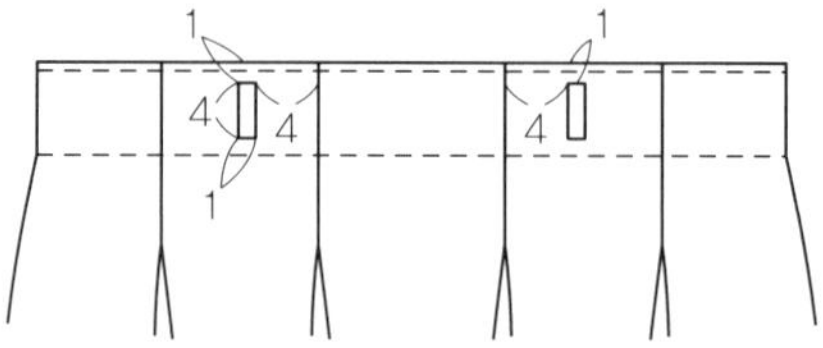

1 / 1
4 / 4
1 / 1

만드는 순서

4 — 3 — 5

1

2

6

44

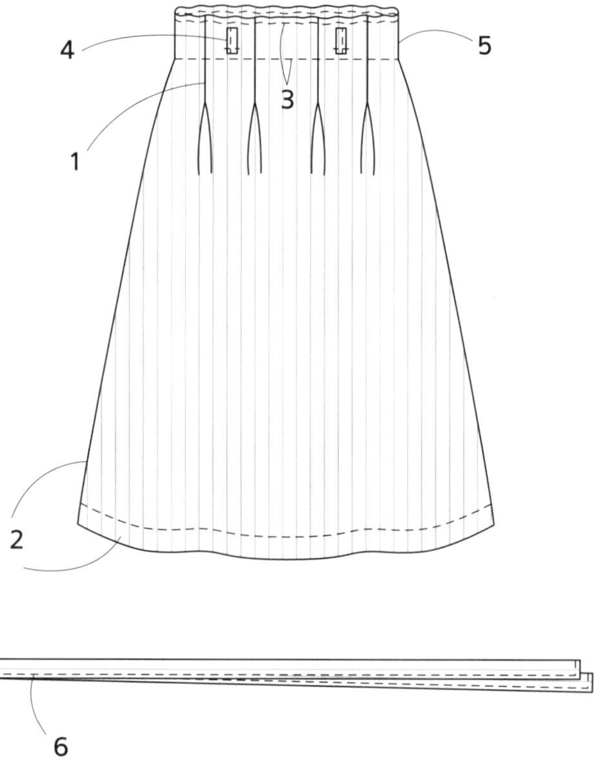

1 스커트의 턱을 봉합한다

①턱을 접어 봉합한다

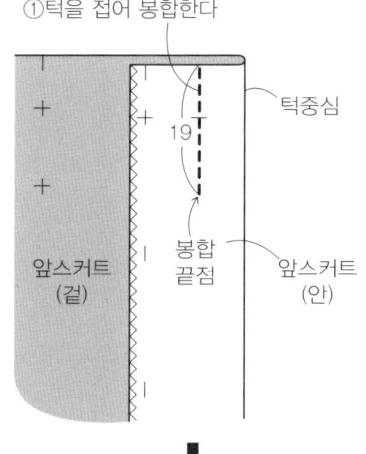

턱중심

19

앞스커트
(겉)

앞스커트
(안)

봉합
끝점

②턱의 중심과 접음선을 맞춰서 다린다

③지그재그봉제 또는 오버록
처리한다

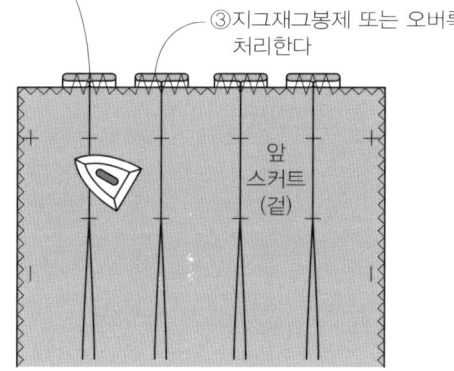

앞
스커트
(겉)

※ 뒷스커트도 ①~③과정과 같은 방법으로 만든다

2 스커트의 옆선을 봉합하고, 밑단을 정리한다

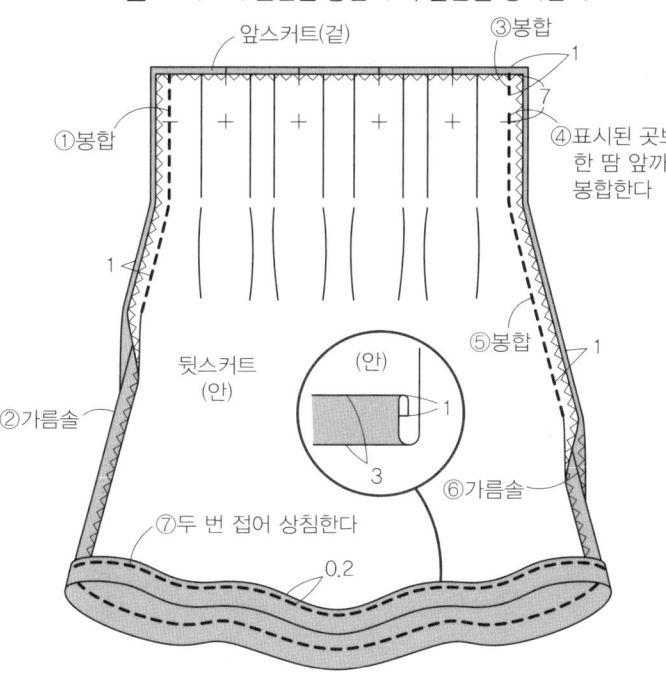

앞스커트(겉)

③봉합
1

①봉합

④표시된 곳보다
한 땀 앞까지
봉합한다

1

뒷스커트
(안)

⑤봉합　1

②가름솔

(안)
1
3

⑥가름솔

⑦두 번 접어 상침한다

0.2

3 스커트의 허리를 정리한다

①안단을 접는다

②두 줄 상침

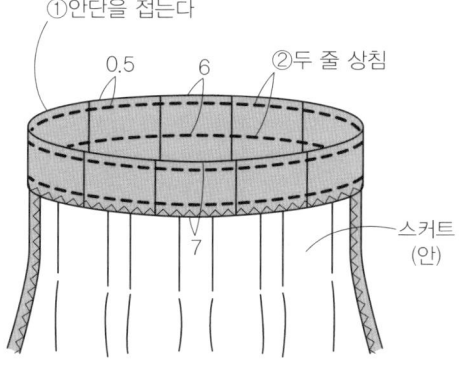

0.5　6

7

스커트
(안)

4 고리감을 만들어 스커트에 단다

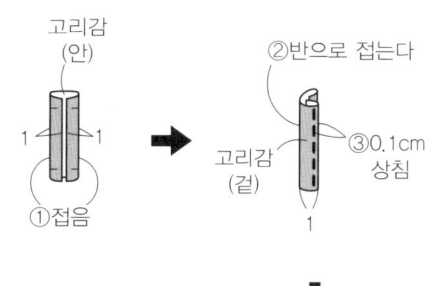

고리감
(안)

1　1

①접음

②반으로 접는다

고리감
(겉)

③0.1cm
상침

1

고리감(겉)

1

④봉합

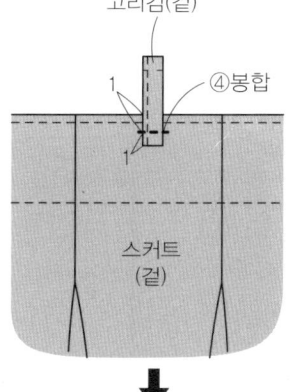

1

스커트
(겉)

⑤접음

4

⑥상침　0.2

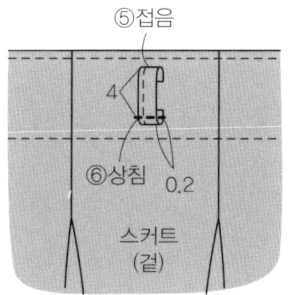

스커트
(겉)

※나머지 고리감도 ①~⑥과정과
같은 방법으로 만든다

5 스커트의 허리에
고무줄을 통과시킨다

①고무줄을 통과시킨다

②2cm 겹쳐 봉합

고무줄

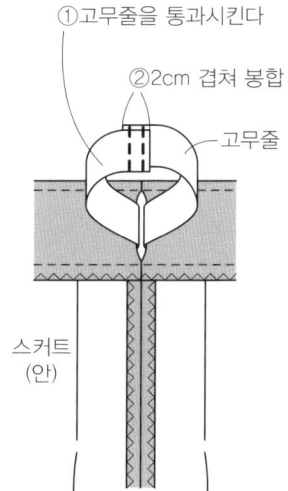

스커트
(안)

6 끈을 만든다

1

끈감
(안)

①양 끝을
접는다

1　1

②접음

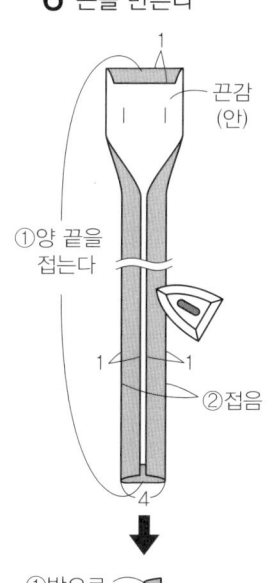

4

①반으로
접는다

2

끈감
(겉)

②0.2cm
상침

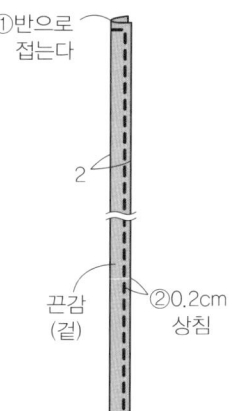

완성

2 (p.4)

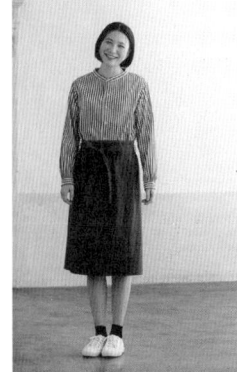

재료 겉감(고밀도 30수 코튼) ······ 150cm폭 x 180cm(S) / **190cm(M)** / 190cm(L) / **200cm(LL)**

접착심(소잉심지) ······ 10cm폭 x 70cm(S) / **70cm(M)** / 80cm(L) / **80cm(LL)**

안단추 ······ 1.3cm폭 1개

스냅 단추 ····· 1.3cm폭 1쌍

패턴에 대해서 * 모든 패턴은 기재된 치수로 직접 제도하여 사용합니다.

* 오른쪽 · 왼쪽 앞스커트의 재단 치수가 다르므로 주의합니다.

* 재단배치도에서 굵은 실선은 완성선, 얇은 실선은 재단선입니다.

사이즈 표시

S 사이즈
M 사이즈
L 사이즈
LL사이즈
1개만 작성된 숫자는 공통

재단배치도 선 표시

────── 완성선
────── 재단선
── ── ── 골선

완성 사이즈

단위: cm

사이즈	S	M	L	LL
옷길이	62	**65**	67.5	**69**

겉감 재단배치도

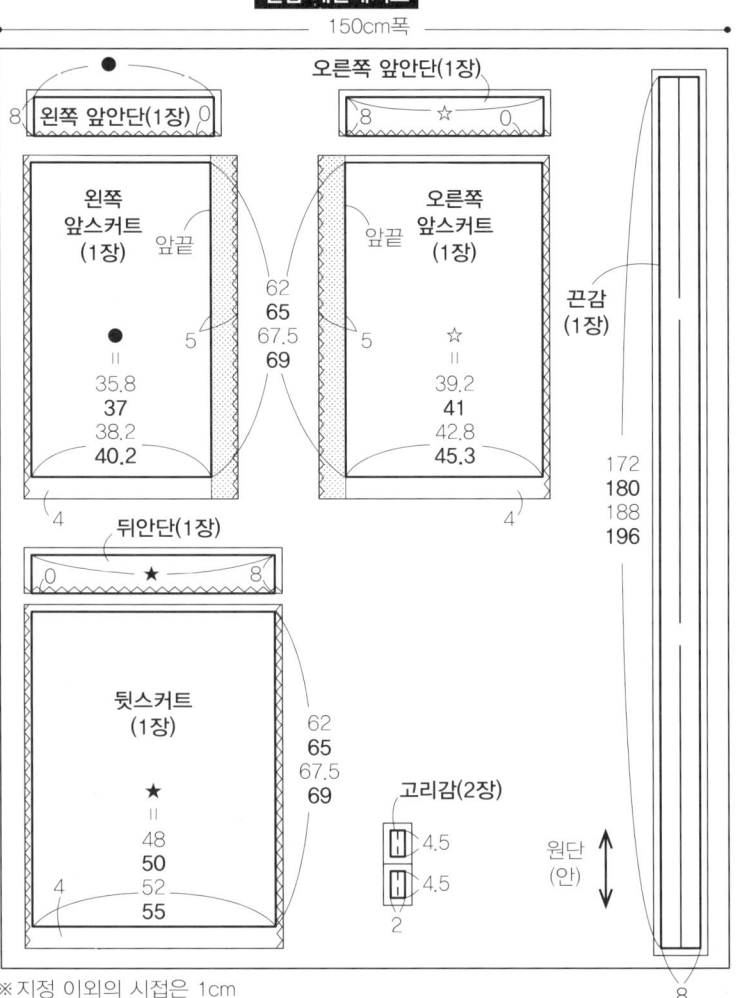

150cm폭

180 **190** 190 **200**

오른쪽 앞안단(1장)

왼쪽 앞안단(1장) 8 0

8 ☆ 0

왼쪽 앞스커트 (1장) 앞끝

오른쪽 앞스커트 (1장) 앞끝

62 **65** 67.5 **69**

5 5

● ∥ 35.8 **37** 38.2 **40.2**

☆ ∥ 39.2 **41** 42.8 **45.3**

끈감 (1장)

172 **180** 188 **196**

4 4

뒤안단(1장) 0 ★ 8

뒷스커트 (1장) 62 **65** 67.5 **69**

★ ∥ 48 **50** 52 **55**

4

고리감(2장) 4.5 4.5 2

원단 (안)

8

※ 지정 이외의 시접은 1cm
※ ▨ = 접착심(소잉심지)을 붙인다
※ ⋁⋁ = 지그재그봉제 또는 오버록 처리한다

＊ 끈 만드는 방법 ＊

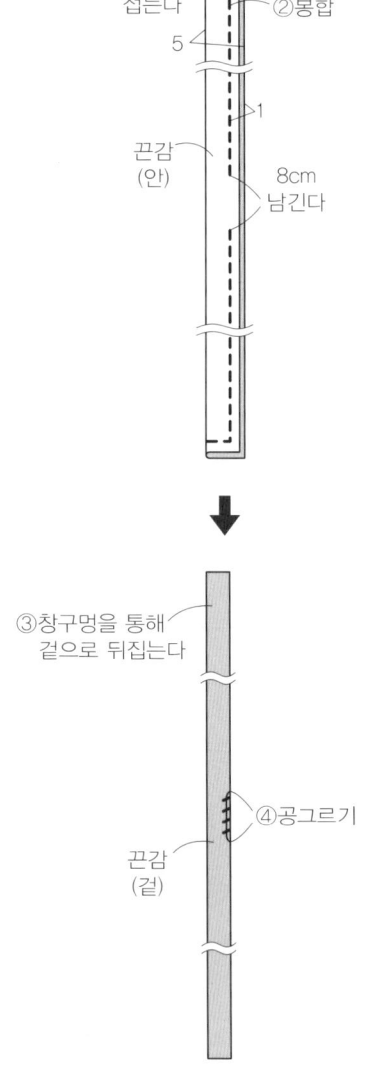

①반으로 접는다 ②봉합
5
1
끈감 (안) 8cm 남긴다

③창구멍을 통해 겉으로 뒤집는다

④공그르기
끈감 (겉)

〈턱 위치〉 ※턱은 스커트를 만들고 나서 마지막에 잡아 상침합니다. (P.47 참고)

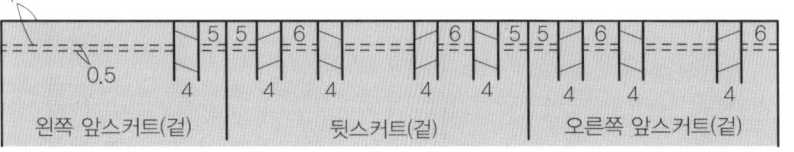

4 5 5 6 5 5 6 5 6
0.5
4 4 4 4 4 4 4 4
왼쪽 앞스커트(겉) 뒷스커트(겉) 오른쪽 앞스커트(겉)

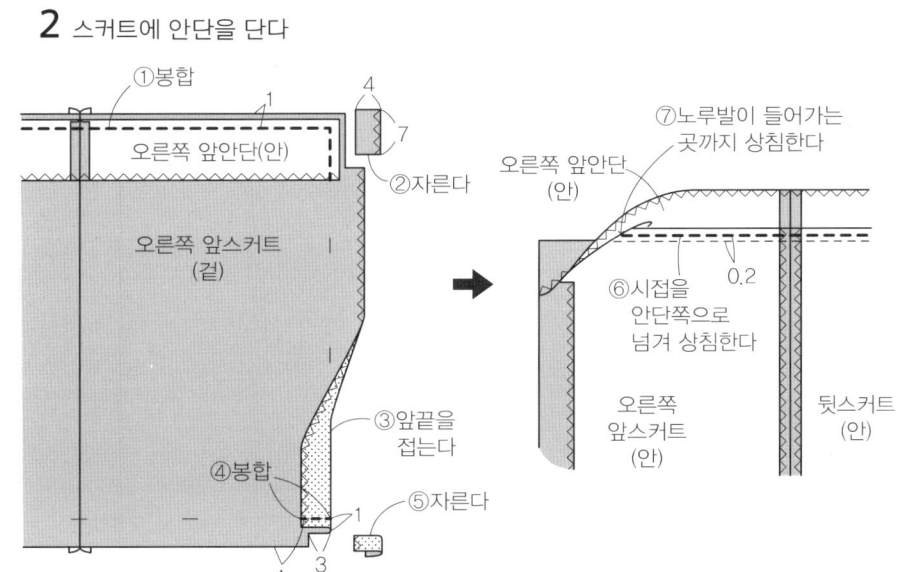

만드는 순서

만드는 방법

1 스커트와 안단의 옆선을 봉합한다

뒷스커트(겉)
오른쪽 앞스커트(안)
①봉합
왼쪽 앞스커트(안)
②가름솔
접착심(소잉심지)
1

왼쪽 앞안단(겉)
오른쪽 앞안단(겉)
③봉합
뒤안단(안)
1
④가름솔

6

---

2 스커트에 안단을 단다

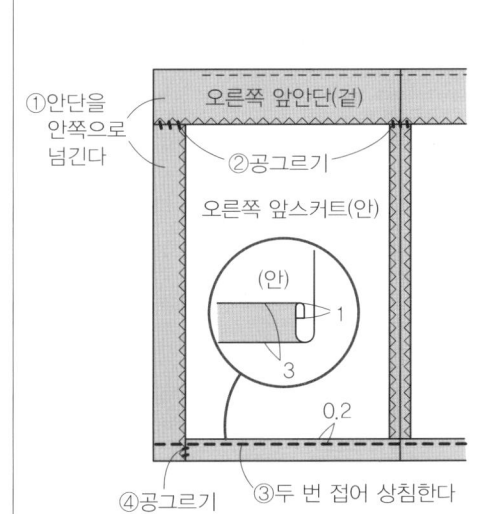

①봉합
1
4
7
②자른다
오른쪽 앞안단(안)
오른쪽 앞스커트(겉)
③앞끝을 접는다
④봉합
1
⑤자른다
4 3

⑦노루발이 들어가는 곳까지 상침한다
오른쪽 앞안단(안)
0.2
⑥시접을 안단쪽으로 넘겨 상침한다
오른쪽 앞스커트(안)
뒷스커트(안)

3 스커트의 안단과 밑단을 정리한다

①안단을 안쪽으로 넘긴다
오른쪽 앞안단(겉)
②공그르기
오른쪽 앞스커트(안)
(안)
1
3
0.2
④공그르기
③두 번 접어 상침한다

---

4 스커트에 턱을 잡고, 단추와 스냅 단추를 단다

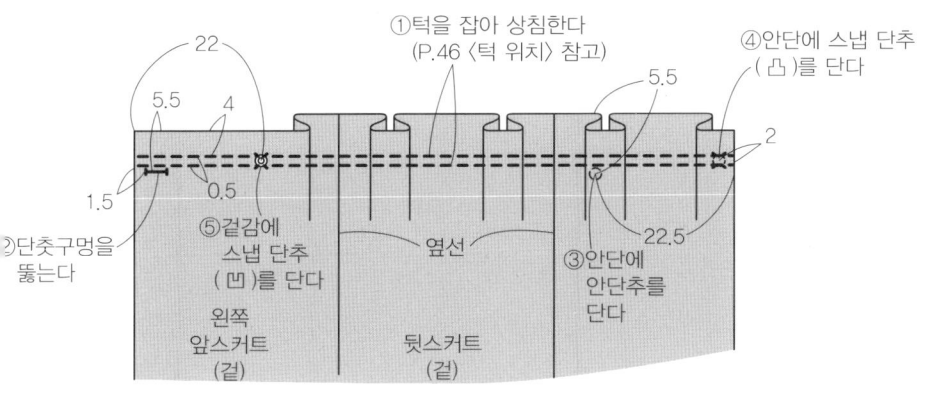

22
5.5
4
1.5
①턱을 잡아 상침한다 (P.46〈턱 위치〉참고)
5.5
④안단에 스냅 단추(凸)를 단다
2
②단춧구멍을 뚫는다
0.5
⑤겉감에 스냅 단추(凹)를 단다
왼쪽 앞스커트(겉)
옆선
③안단에 안단추를 단다
22.5
뒷스커트(겉)

5 고리감을 만들어 스커트에 단다(P.45-**4** 참고)

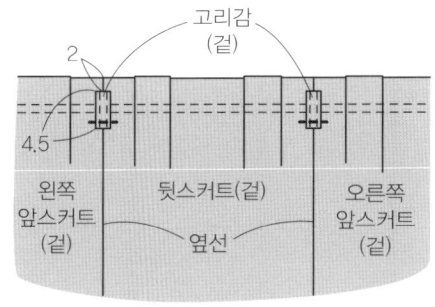

2
고리감(겉)
4.5
왼쪽 앞스커트(겉)
뒷스커트(겉)
옆선
오른쪽 앞스커트(겉)

6 끈을 만든다(P.46-**6** 참고)

완성

3 (p.6)

재료　겉감(리넨 프린트) …… 110cm폭 x 220cm(S) / **230cm(M)** / 240cm(L) / **250cm(LL)**

콘실지퍼 …… 22cm길이 1개

걸고리 …… 1쌍

패턴에 대해서　◆실물크기 패턴 : **B면 3번 패턴**을 사용합니다.

◆사용 패턴 : 앞·뒤스커트

* 앞·뒤스커트 패턴을 좌우로 대칭되도록 베낍니다.

* 바이어스천은 기재된 치수로 직접 제도하여 사용합니다.

* 재단배치도에서 굵은 실선은 완성선. 얇은 실선은 재단선입니다.

사이즈 표시
S 사이즈
M 사이즈
L 사이즈
LL사이즈
1개만 작성된 숫자는 공통

재단배치도 선 표시	
————	완성선
——	재단선
– – –	골선

완성 사이즈

단위 : cm

사이즈	S	M	L	LL
옷길이	68.5	72	74.5	76
허리둘레	64	68	72	78

　= 실물크기 패턴

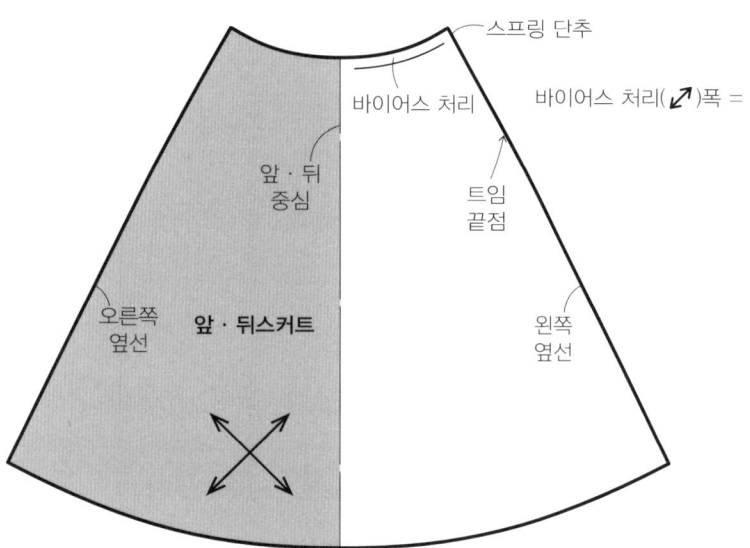

스프링 단추

바이어스 처리

바이어스 처리(↗)폭 = 1

앞·뒤 중심

트임 끝점

오른쪽 옆선

앞·뒤스커트

왼쪽 옆선

만드는 순서

겉감 재단배치도

110cm폭

1.5

0

오른쪽 옆선

앞스커트 (1장)

왼쪽 옆선

1.5

3

220
230
240
250

1.5

오른쪽 옆선

0

뒷스커트 (1장)

왼쪽 옆선

1.5

3

원단 (겉)

바이어스천 (1장)

68
약 **72**
76
82

4.2

※지정 이외의 시접은 1cm

※〰 = 지그재그봉제 또는 오버록 처리한다

48

만드는 방법

1 스커트의 왼쪽 옆선을 봉합하고, 콘실지퍼를 단다(P.34 참고)

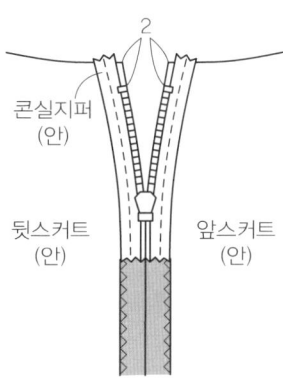

2

콘실지퍼
(안)

뒷스커트
(안)

앞스커트
(안)

2 스커트의 오른쪽 옆선을 봉합한다

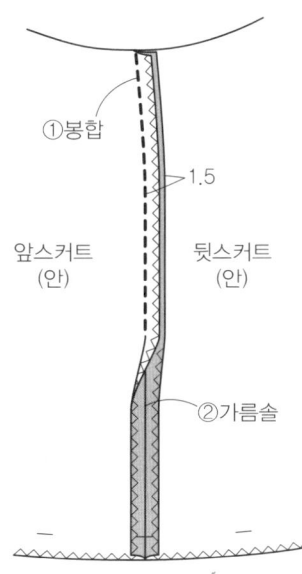

①봉합

1.5

앞스커트
(안)

뒷스커트
(안)

②가름솔

3 스커트의 허리를 바이어스 처리한다

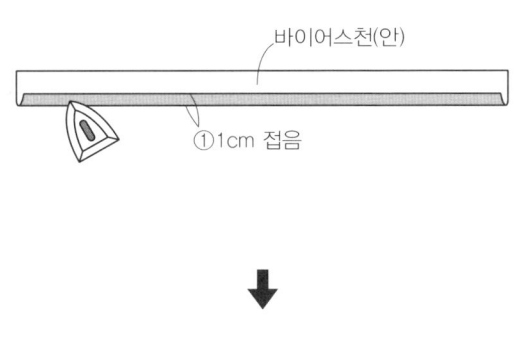

바이어스천(안)

①1cm 접음

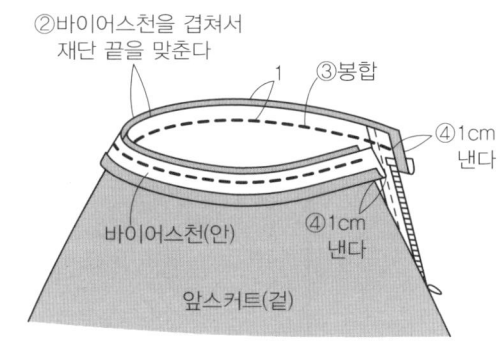

②바이어스천을 겹쳐서
재단 끝을 맞춘다

1

③봉합

④1cm
낸다

바이어스천(안)

④1cm
낸다

앞스커트(겉)

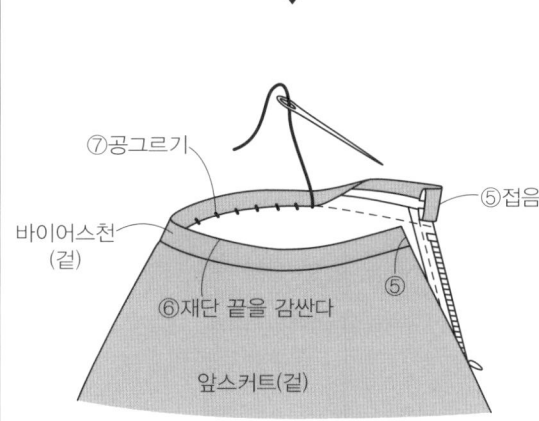

⑦공그리기

⑤접음

바이어스천
(겉)

⑤

⑥재단 끝을 감싼다

앞스커트(겉)

4 스커트의 밑단을 정리한다(P.40 참고)

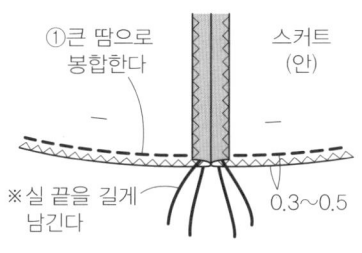

①큰 땀으로
봉합한다

스커트
(안)

※실 끝을 길게
남긴다

0.3~0.5

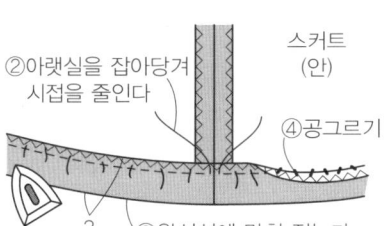

②아랫실을 잡아당겨
시접을 줄인다

스커트
(안)

④공그리기

3

③완성선에 맞춰 접는다

5 스커트의 허리에 걸고리를 단다
(P.43 참고)

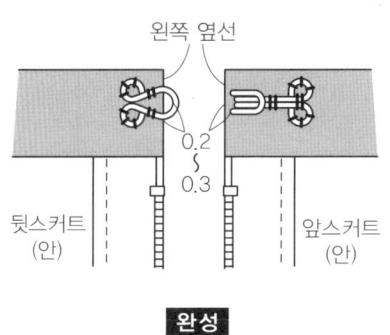

왼쪽 옆선

0.2
~
0.3

뒷스커트
(안)

앞스커트
(안)

완성

4 (p.7)

재료
겉감(스판 레이온) ······ 148cm폭 x 170cm(S) / **180cm(M)** / 190cm(L) / **200cm(LL)**
콘실지퍼 ······ 22cm길이 1개
걸고리 ······ 1쌍

패턴에 대해서
◆ 실물크기 패턴 : B면 **3번 패턴**을 사용합니다.
◆ 사용 패턴 : 앞 · 뒤스커트
* 바이어스천은 기재된 치수로 직접 제도하여 사용합니다.
* 재단배치도에서 굵은 실선은 완성선, 얇은 실선은 재단선입니다.
◆ **패턴 수정하는 방법**
* B면 3번 패턴에서 앞 · 뒤스커트의 옆선을 길게 늘리고, 밑단에 맞춰 선을 연결하여 수정합니다.

사이즈 표시
S 사이즈
M사이즈
L 사이즈
LL사이즈
1개만 작성된 숫자는 공통

완성 사이즈
단위: cm

사이즈	S	M	L	LL
옷길이	68.5	72	74.5	76
허리둘레	64	68	72	78

겉감 재단배치도

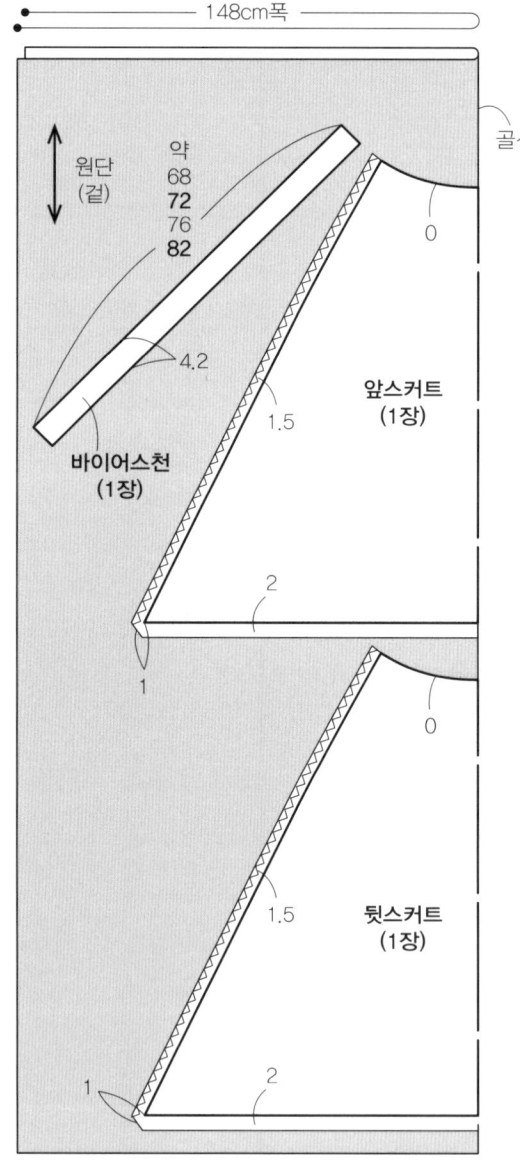

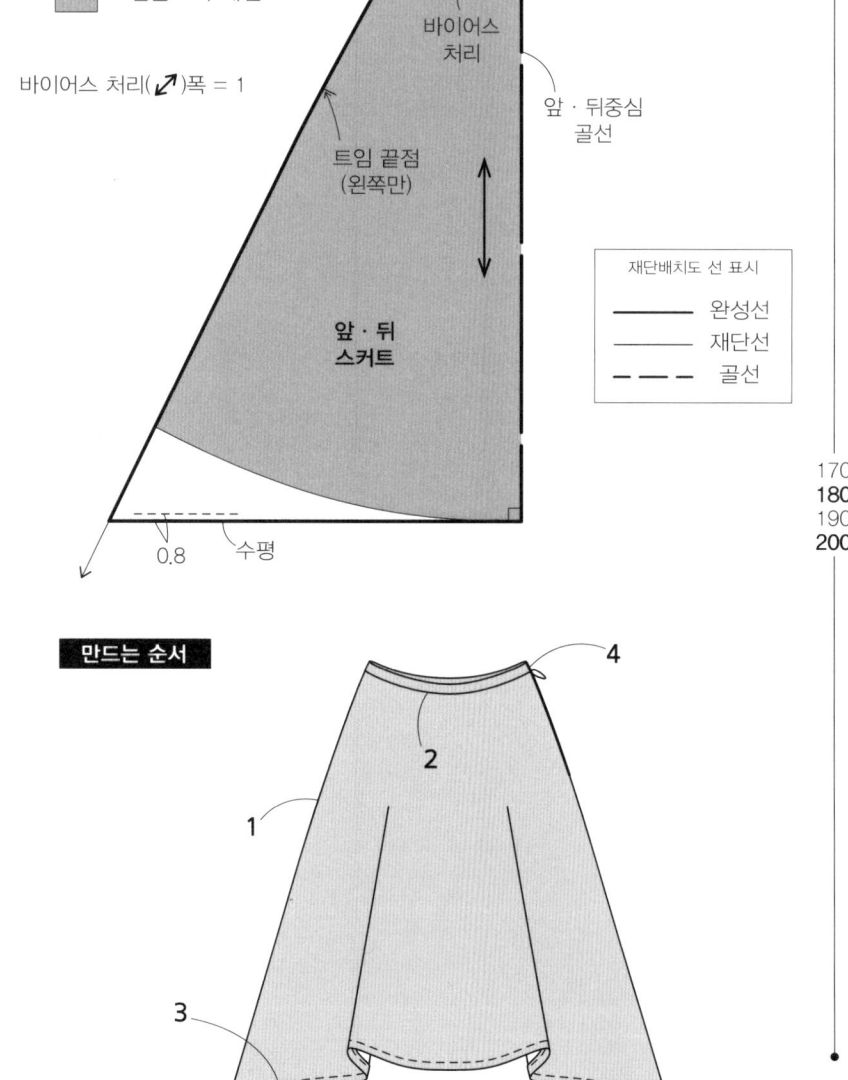

= 실물크기 패턴

바이어스 처리(↗)폭 = 1

스프링 단추(왼쪽만)
바이어스 처리
앞 · 뒤중심 골선
트임 끝점 (왼쪽만)
앞 · 뒤 스커트
0.8
수평

재단배치도 선 표시
―――― 완성선
―――― 재단선
‒ ‒ ‒ ‒ 골선

원단 (겉)
약 68 **72** 76 **82**
4.2
바이어스천 (1장)
골선
앞스커트 (1장)
0
1.5
2
1
뒷스커트 (1장)
0
1.5
2
1
170 **180** 190 **200**
148cm폭

만드는 순서

4
2
1
3

※ 지정 이외의 시접은 1cm
※ ✓✓✓ = 지그재그봉제 또는 오버록 처리한다

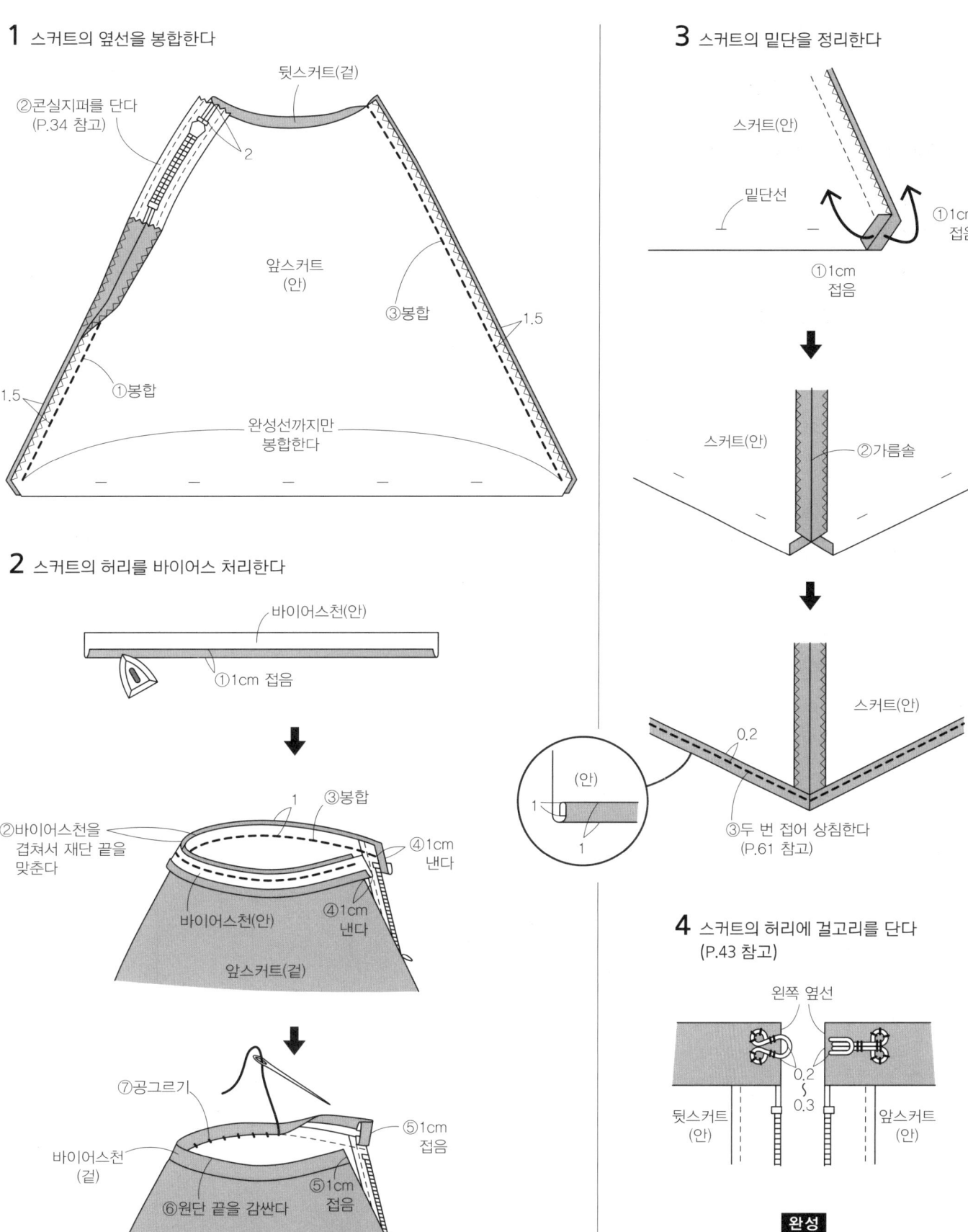

1 스커트의 옆선을 봉합한다

②콘실지퍼를 단다
(P.34 참고)

2

뒷스커트(겉)

앞스커트
(안)

③봉합

1.5

①봉합

1.5

완성선까지만
봉합한다

2 스커트의 허리를 바이어스 처리한다

바이어스천(안)

①1cm 접음

③봉합

②바이어스천을
겹쳐서 재단 끝을
맞춘다

④1cm
낸다

바이어스천(안)

④1cm
낸다

앞스커트(겉)

1

⑦공그르기

바이어스천
(겉)

⑥원단 끝을 감싼다

⑤1cm
접음

⑤1cm
접음

앞스커트(겉)

3 스커트의 밑단을 정리한다

스커트(안)

밑단선

①1cm
접음

①1cm
접음

스커트(안)

②가름솔

스커트(안)

0.2

(안)

1

1

③두 번 접어 상침한다
(P.61 참고)

4 스커트의 허리에 걸고리를 단다
(P.43 참고)

왼쪽 옆선

0.2
~
0.3

뒷스커트
(안)

앞스커트
(안)

완성

51

재료	겉감(프렌치 거즈) ······ 110cm폭 x 220cm(S) / **230cm(M)** / 240cm(L) / **250cm(LL)**
	고무줄 ······ 3cm폭 x 65cm(S) / **70cm(M)** / 75cm(L) / **80cm(LL)**

패턴에 대해서	* 모든 패턴은 기재된 치수로 직접 제도하여 사용합니다.
	* 재단배치도에서 굵은 실선은 완성선, 얇은 실선은 재단선입니다.

완성 사이즈

단위 : cm

사이즈	S	M	L	LL
옷길이	79	**83**	86	**88**

사이즈 표시

S 사이즈
M사이즈
L 사이즈
LL사이즈
1개만 작성된 숫자는 공통

재단배치도 선 표시

———	완성선
———	재단선
- - -	골선

겉감 재단배치도

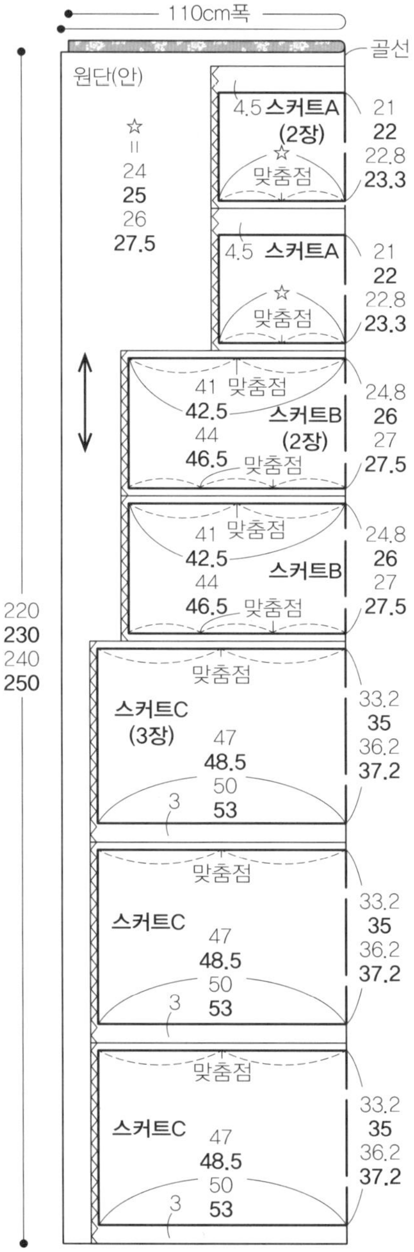

110cm폭

골선

원단(안)

☆
||
24
25
26
27.5

4.5 **스커트A** 21
(2장) **22**
22.8
맞춤점 **23.3**

4.5 **스커트A** 21
22
22.8
맞춤점 **23.3**

41 맞춤점 24.8
42.5 **26**
44 27
스커트B **27.5**
46.5 (2장)
맞춤점

41 맞춤점 24.8
42.5 **26**
44 27
스커트B **27.5**
46.5
맞춤점

맞춤점

스커트C 33.2
(3장) 47 **35**
48.5 36.2
50 **37.2**
3 **53**

맞춤점

스커트C 33.2
47 **35**
48.5 36.2
50 **37.2**
3 **53**

맞춤점

스커트C 33.2
47 **35**
48.5 36.2
50 **37.2**
3 **53**

220
230
240
250

※ 지정 이외의 시접은 1cm
※ ⋁⋁⋁ = 지그재그봉제 또는 오버록 처리한다

만드는 순서

6
1
4
2 앞 5
3

뒤

※ 고무줄 길이
(시접 2cm 포함)
= 64 / **68** / 72 / **78**

만드는 방법

1 스커트A를 만든다

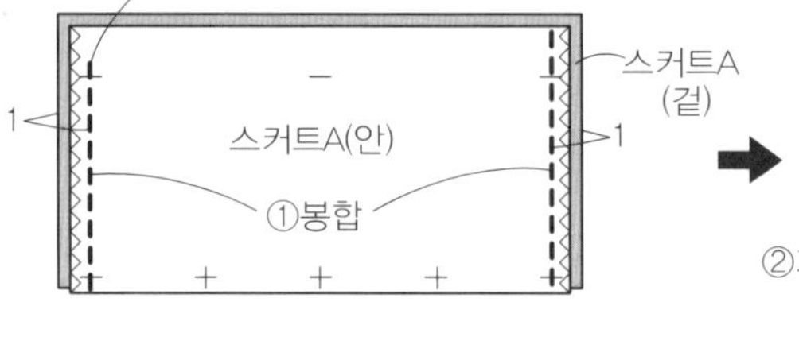

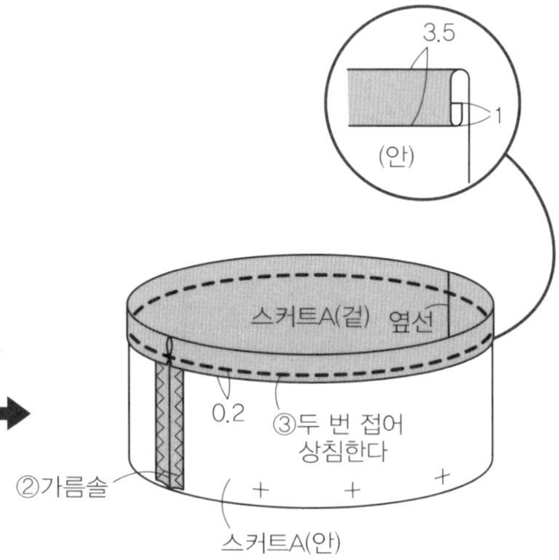

완성선보다 한 땀 앞까지 봉합한다

스커트A (겉)

1 스커트A(안) 1
①봉합

3.5
1
(안)

스커트A(겉) 옆선

0.2
②가름솔 ③두 번 접어
상침한다
스커트A(안)

2 스커트B를 만든다

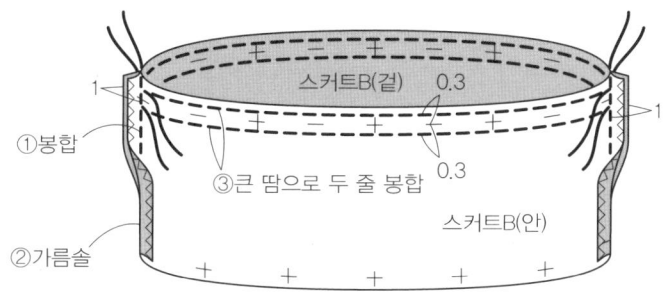

①봉합
②가름솔
③큰 땀으로 두 줄 봉합
스커트B(겉) 0.3
0.3
스커트B(안)
1
1

3 스커트C를 만든다

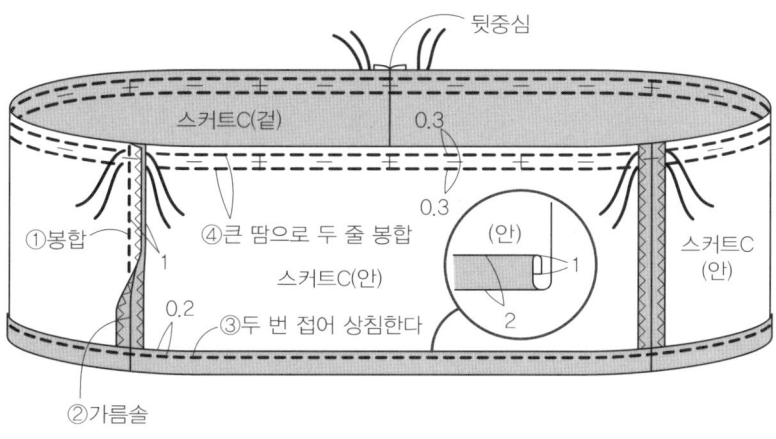

뒷중심
스커트C(겉) 0.3
0.3
①봉합
②가름솔
④큰 땀으로 두 줄 봉합
스커트C(안)
③두 번 접어 상침한다
1
0.2
(안)
1
2
스커트C(안)

4 스커트A·B를 연결한다

①옆선, 중심, 맞춤점을 시침핀으로 고정한다

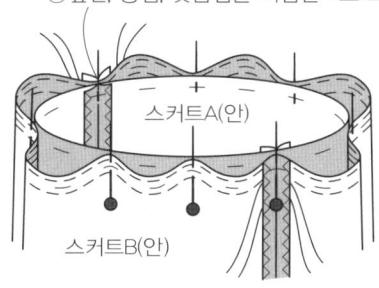

스커트A(안)
스커트B(안)

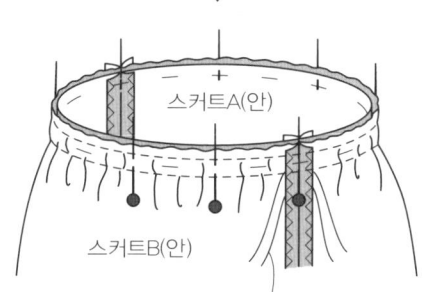

스커트A(안)
스커트B(안)

②2줄 함께 아랫실을 잡아당겨 스커트A의 밑단 길이에 맞춰 주름을 잡는다

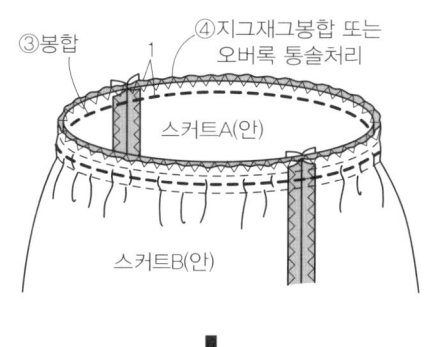

③봉합
④지그재그봉합 또는 오버록 통솔처리
1
스커트A(안)
스커트B(안)

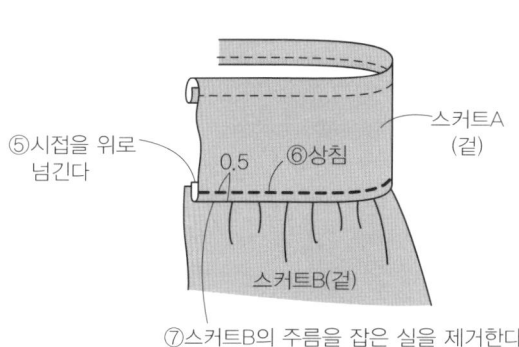

⑤시접을 위로 넘긴다
스커트A(겉)
0.5 ⑥상침
스커트B(겉)
⑦스커트B의 주름을 잡은 실을 제거한다

5 스커트B·C를 연결한다

※4과정과 같은 방법으로 만든다

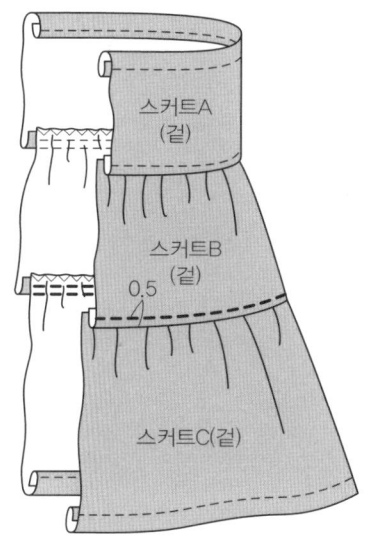

스커트A(겉)
스커트B(겉)
0.5
스커트C(겉)

6 스커트의 허리에 고무줄을 통과시킨다

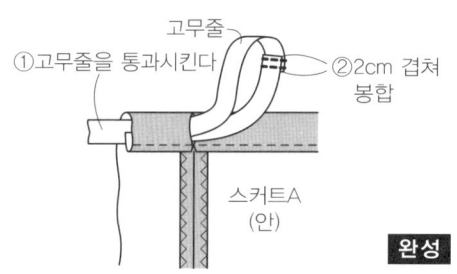

고무줄
①고무줄을 통과시킨다
②2cm 겹쳐 봉합
스커트A(안)

완성

6 (p.9)

재료　겉감(코튼 론 플라워 레이스) ⋯⋯ 98cm폭 x 240cm(S) / **250cm(M)** / 260cm(L) / **270cm(LL)**

안감 ⋯⋯ 110cm폭 x 140cm(S) / **140cm(M)** / 150cm(L) / **150cm(LL)**

고무줄 ⋯⋯ 3cm폭 x 65cm(S) / **70cm(M)** / 75cm(L) / **80cm(LL)**

패턴에 대해서　* 모든 패턴은 기재된 치수로 직접 제도하여 사용합니다.

　* 재단배치도에서 굵은 실선은 완성선, 얇은 실선은 재단선입니다.

완성 사이즈
　　　　　　　　　　단위: cm

사이즈	S	M	L	LL
옷길이	69.5	**73**	75.5	**77**

겉감 재단배치도

240
250
260
270

원단(안)

골선

4.5

1.5

64
66
68
71

39
41
42.5
43

98
cm
폭

옆선

스커트A(1장)

옆선

맞춤점　맞춤점　맞춤점

맞춤점　　맞춤점　　맞춤점

30.5
32
33
34

1.5

옆선

스커트B(1장)　116
120
124
129

0

스캘럽

※지정 이외의 시접은 1cm

※〰〰 = 지그재그봉제 또는 오버록 처리한다

안감 재단배치도

110cm폭

골선

32
33
34
35.5

63
66
68.5
70

안스커트
(2장)

3

140
140
150
150

32
33
34
35.5

63
66
68.5
70

안스커트

원단
(안)

3

만드는 순서

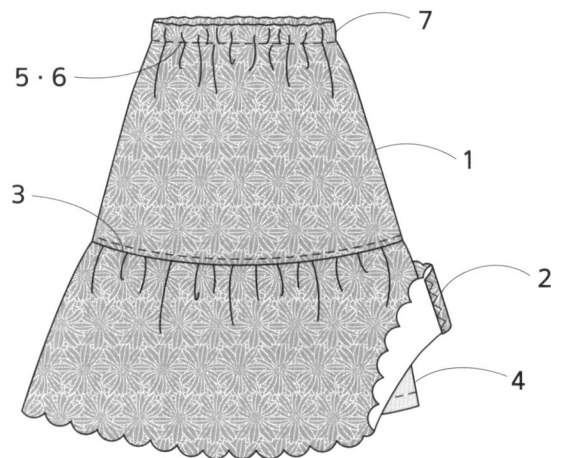

7

5 · 6

1

3

2

4

※고무줄 길이(시접 2cm 포함)
＝ 64 / **68** / 72 / **78**

1 스커트A을 만든다

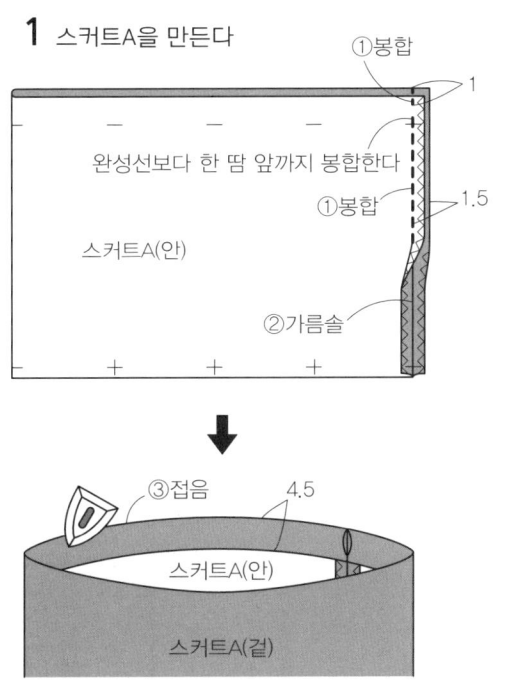

①봉합
1
완성선보다 한 땀 앞까지 봉합한다
①봉합
1.5
스커트A(안)
②가름솔

③접음
4.5
스커트A(안)
스커트A(겉)

2 스커트B를 만든다

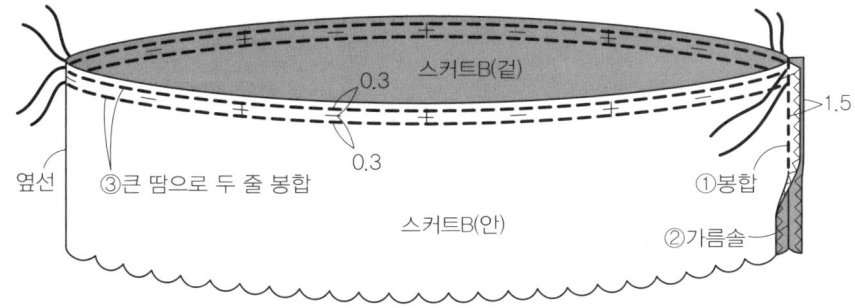

0.3
스커트B(겉)
0.3
③큰 땀으로 두 줄 봉합
옆선
스커트B(안)
1.5
①봉합
②가름솔
스커트B(겉)

3 스커트A·B를 연결한다(P.53 참고)

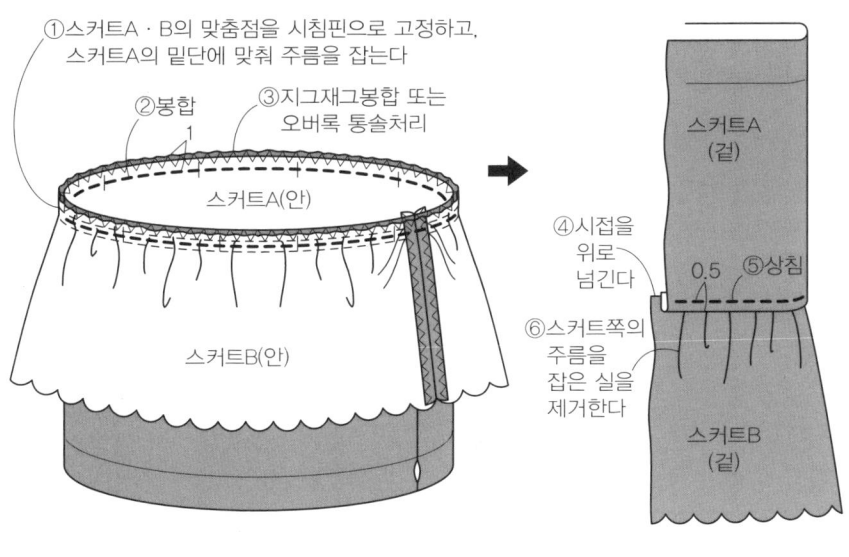

①스커트A · B의 맞춤점을 시침핀으로 고정하고, 스커트A의 밑단에 맞춰 주름을 잡는다
②봉합
1
③지그재그봉합 또는 오버록 통솔처리
스커트A(안)
스커트B(안)

스커트A (겉)
④시접을 위로 넘긴다
0.5
⑤상침
⑥스커트쪽의 주름을 잡은 실을 제거한다
스커트B (겉)

4 안스커트를 만든다

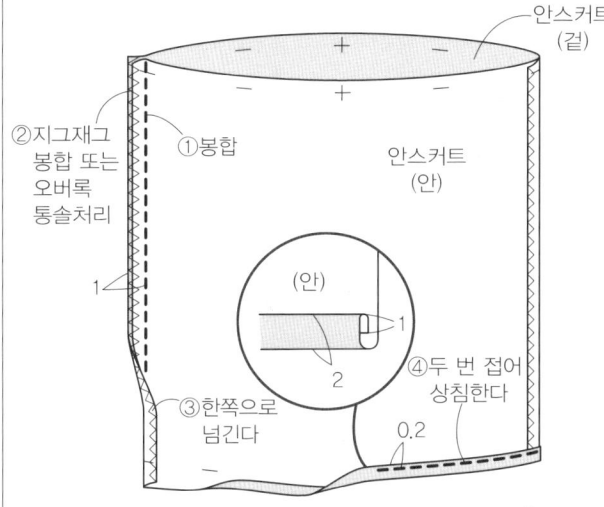

안스커트 (겉)
②지그재그 봉합 또는 오버록 통솔처리
①봉합
안스커트 (안)
1
(안)
1
2
③한쪽으로 넘긴다
④두 번 접어 상침한다
0.2

5 겉·안스커트를 연결한다

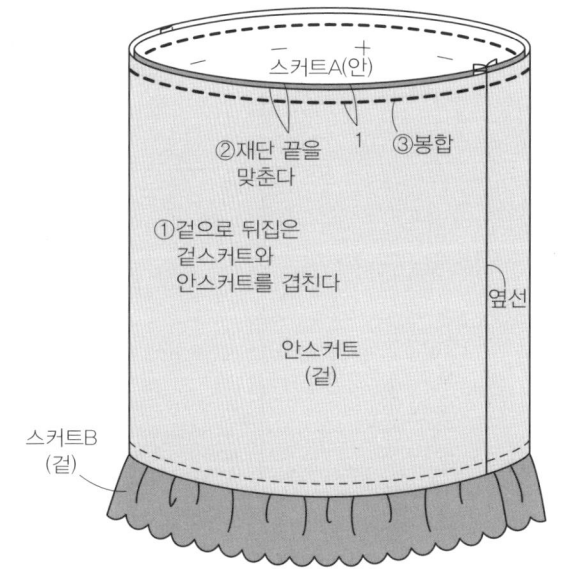

스커트A(안)
1
③봉합
②재단 끝을 맞춘다
①겉으로 뒤집은 겉스커트와 안스커트를 겹친다
옆선
안스커트 (겉)
스커트B (겉)

6 스커트의 허리를 정리한다

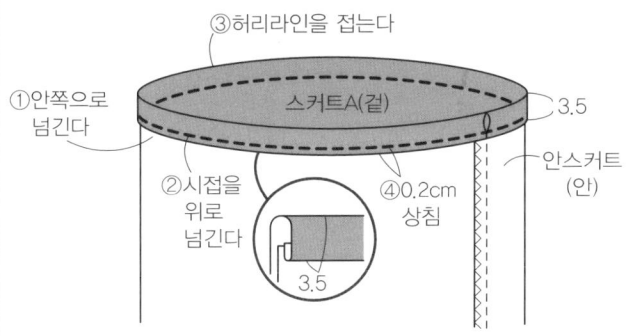

③허리라인을 접는다
①안쪽으로 넘긴다
스커트A(겉)
3.5
②시접을 위로 넘긴다
④0.2cm 상침
안스커트 (안)
3.5

7 스커트의 허리에 고무줄을 통과시킨다
(P.53-6 참고)

완성

재료 겉감(코튼 리넨) …… 110cm폭 x 320cm(S) / **340cm(M)** / 350cm(L) / **360cm(LL)**

고무줄 …… 3cm폭 x 65cm(S) / **70cm(M)** / 75cm(L) / **80cm(LL)**

패턴에 대해서 ◆실물크기 패턴 : **A면 7번 패턴**을 사용합니다.

◆사용 패턴 : 스커트 허리라인, 허리벨트

* 스커트는 기재된 치수로 직접 제도하여 사용합니다.

* 스커트 허리라인의 실물크기 패턴을 이용하여 앞·뒤스커트를 그려줍니다.

* 재단배치도에서 굵은 실선은 완성선, 얇은 실선은 재단선입니다.

완성 사이즈   단위: cm

사이즈	S	**M**	L	**LL**
옷길이	60	**63**	65.5	**67**

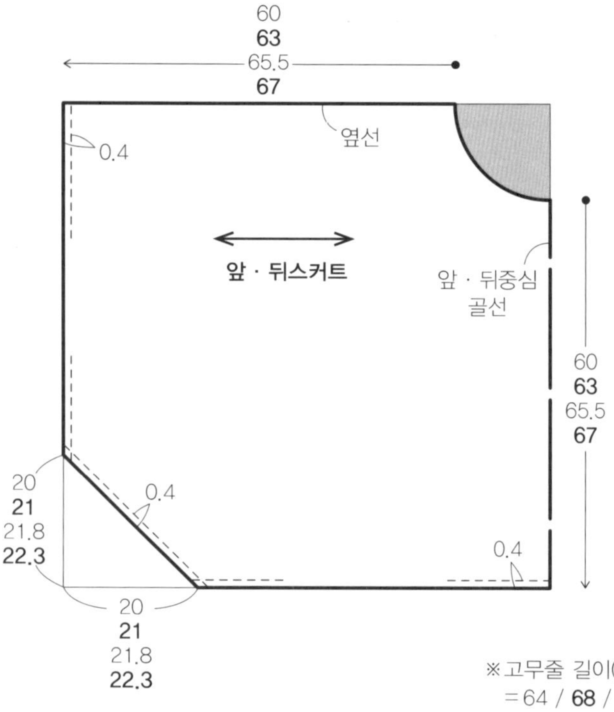

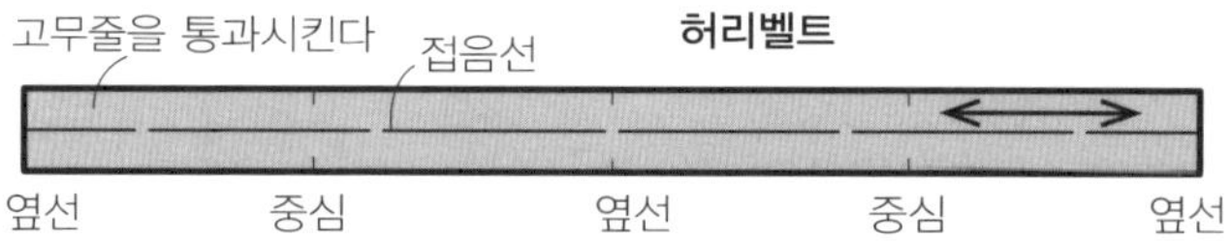

사이즈 표시
S 사이즈
M사이즈
L 사이즈
LL사이즈
1개만 작성된 숫자는 공통

재단배치도 선 표시	
————	완성선
————	재단선
– – – –	골선

60
63
←— 65.5 —→ •
67

0.4

옆선

앞·뒤스커트

앞·뒤중심
골선

60
63
65.5
67

0.4

0.4

20
21
21.8
22.3

0.4

20
21
21.8
22.3

※고무줄 길이(시접 2cm 포함)
= 64 / **68** / 72 / **78**

고무줄을 통과시킨다   접음선   **허리벨트**

옆선   중심   옆선   중심   옆선

⬜ = 실물크기 패턴

만드는 순서

3·5

1

4

2

겉감 재단배치도

•←——————— 110cm폭 ———————→•   골선

허리벨트
(1장)

옆선

앞스커트
(1장)

320
340
•
350
360

옆선

뒷스커트
(1장)

원단
(안)

골선

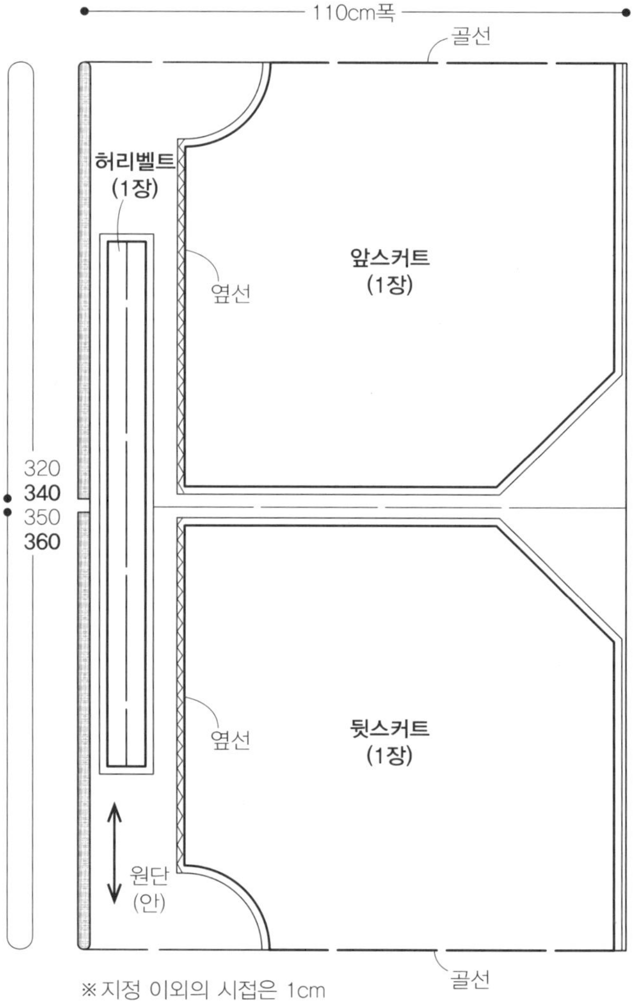

※지정 이외의 시접은 1cm

※〰〰 = 지그재그봉제 또는 오버록 처리한다

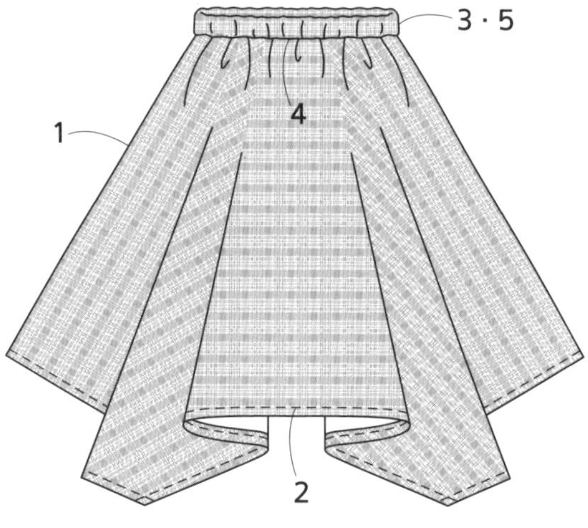

1 스커트의 옆선을 봉합한다

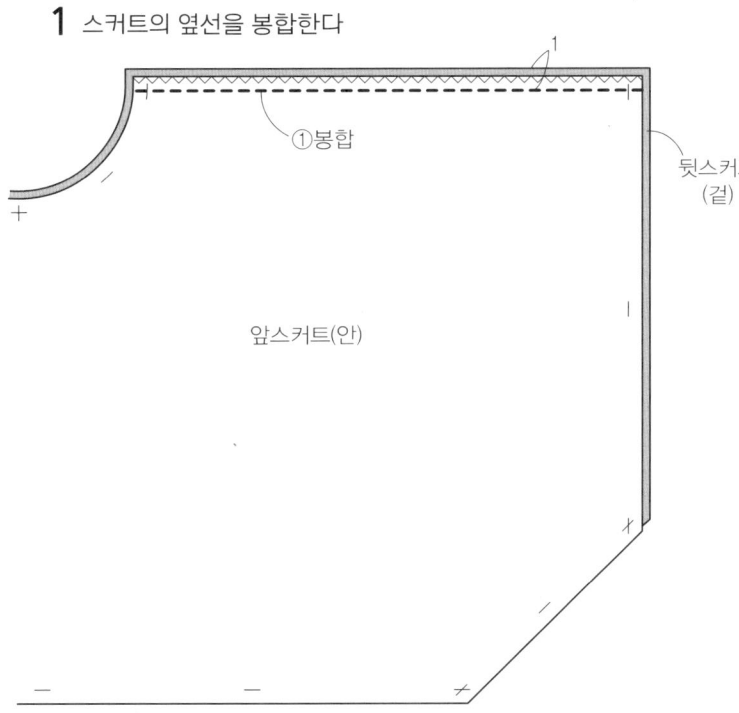

①봉합

뒷스커트
(겉)

1

앞스커트(안)

2 스커트의 밑단을 정리한다

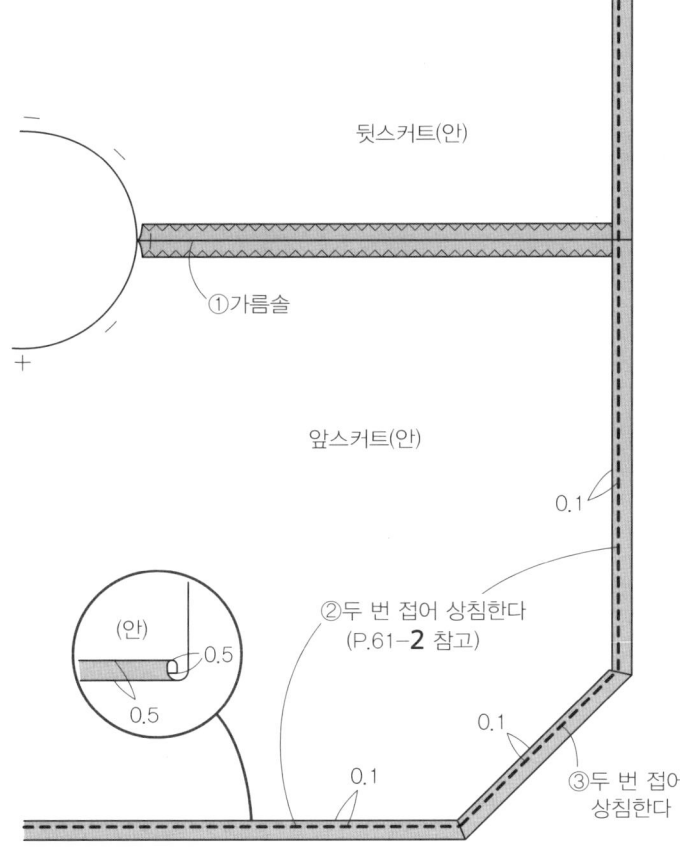

뒷스커트(안)

①가름솔

앞스커트(안)

(안)

0.5

0.5

0.1

②두 번 접어 상침한다
(P.61-2 참고)

0.1

0.1

③두 번 접어
상침한다

3 허리벨트를 만든다

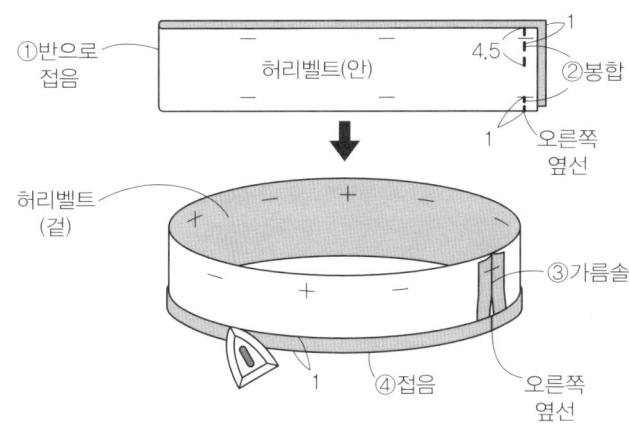

①반으로
접음

허리벨트(안)

1

4.5

②봉합

1

오른쪽
옆선

허리벨트
(겉)

③가름솔

1

④접음

오른쪽
옆선

4 스커트에 허리벨트를 단다

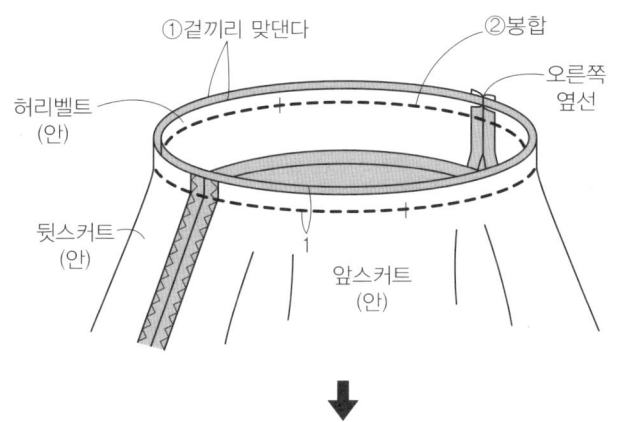

①겉끼리 맞댄다

②봉합

오른쪽
옆선

허리벨트
(안)

뒷스커트
(안)

앞스커트
(안)

1

②상침

오른쪽 옆선

0.2

허리벨트
(겉)

스커트
(안)

①허리벨트의 접음선을
접어 시접을 감싼다

5 허리벨트에 고무줄을 통과시킨다

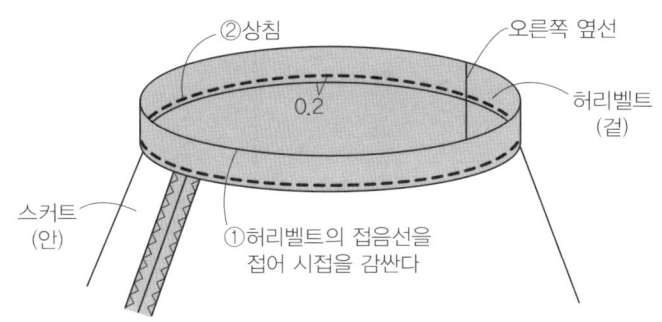

②2cm 겹쳐 봉합한다

고무줄

①고무줄을 통과시킨다

허리벨트
(겉)

앞스커트
(안)

뒷스커트
(안)

오른쪽
옆선

재료　　겉감(디보트 리넨) ······ 140cm폭 x 280cm(S) / **290cm(M)** / 300cm(L) / **310cm(LL)**

접착심(소잉심지) ······ 15cm폭 x 40cm(S) / **40cm(M)** / 40cm(L) / **50cm(LL)**

고무줄 ······ 4cm폭 x 35cm(S) / **35cm(M)** / 40cm(L) / **40cm(LL)**

버클 ······ 안지름 4cm 1개

패턴에 대해서　　◆ 실물크기 패턴 : A면 12번(허리벨트) 패턴, B면 3번(앞스커트), 10번(뒷스커트) 패턴을 사용합니다.

◆ 사용 패턴 : 앞·뒤스커트, 허리벨트

* 새시벨트는 기재된 치수로 직접 제도하여 사용합니다.

* 앞스커트 패턴을 좌우로 대칭되도록 베낀 다음, 패턴을 수정해주세요.

* 재단배치도에서 굵은 실선은 완성선, 얇은 실선은 재단선입니다.

◆ 패턴 수정하는 방법

* B면 3번 패턴에서 앞스커트 길이를 길게 하고 앞끝 분량을 수정합니다.

* B면 10번 패턴에서 뒷스커트 길이를 길게 하고 뒷중심을 넓게 수정합니다.

사이즈 표시
S 사이즈
M 사이즈
L 사이즈
LL사이즈
1개만 작성된 숫자는 공통

완성 사이즈　　　　단위 : cm

사이즈	S	M	L	LL
옷길이	74	**78**	80.5	**82**

= 실물크기 패턴

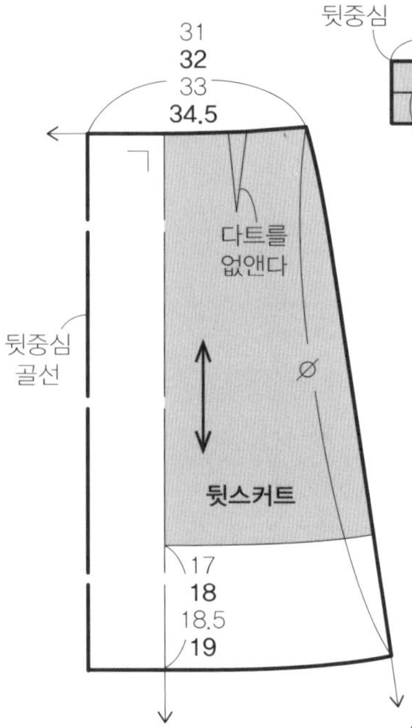

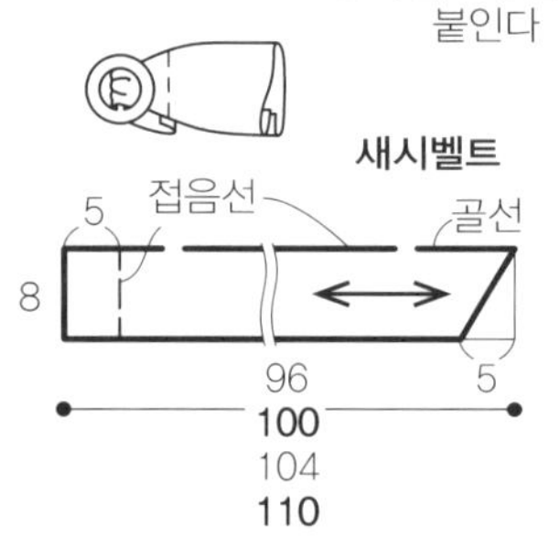

허리벨트

뒷중심　고무줄을 통과시킨다　옆선　앞중심　옆선　고무줄을 통과시킨다　뒷중심

접음선　　1　　1　　　→

접착심(소잉심지)을 붙인다

31
32
33
34.5

다트를 없앤다

뒷중심 골선

뒷스커트

17
18
18.5
19

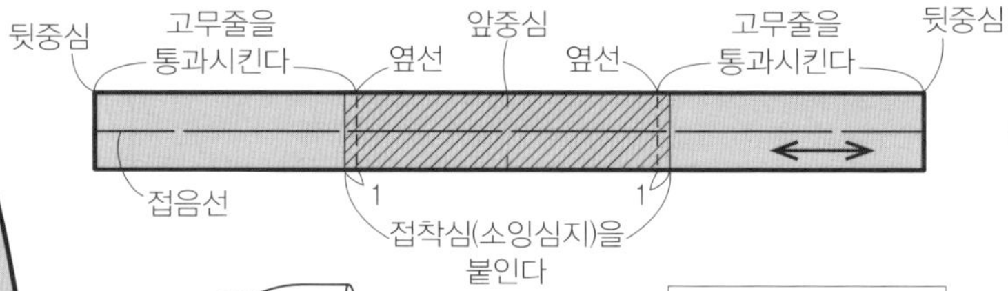

새시벨트

접음선　골선

5　8

96　5

100
104
110

※고무줄 길이(시접 2cm 포함)
= 32 / **34** / 36 / **39**

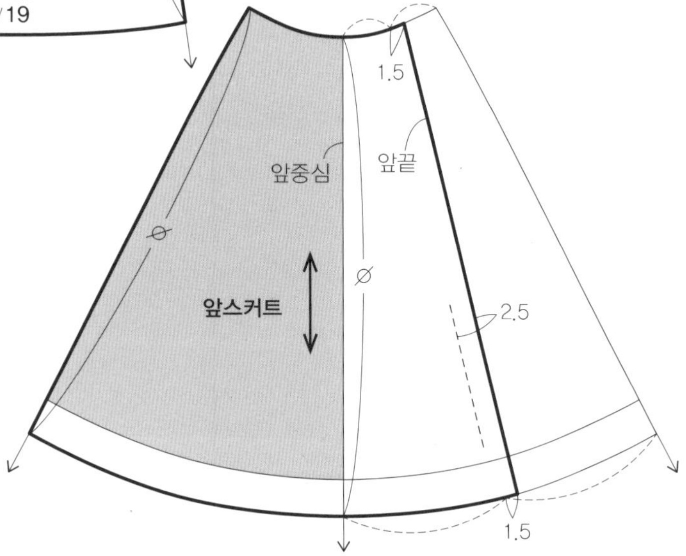

재단배치도 선 표시

———	완성선
——	재단선
- - -	골선

앞중심　앞끝

1.5

앞스커트

⌀

2.5

1.5

겉감 재단배치도

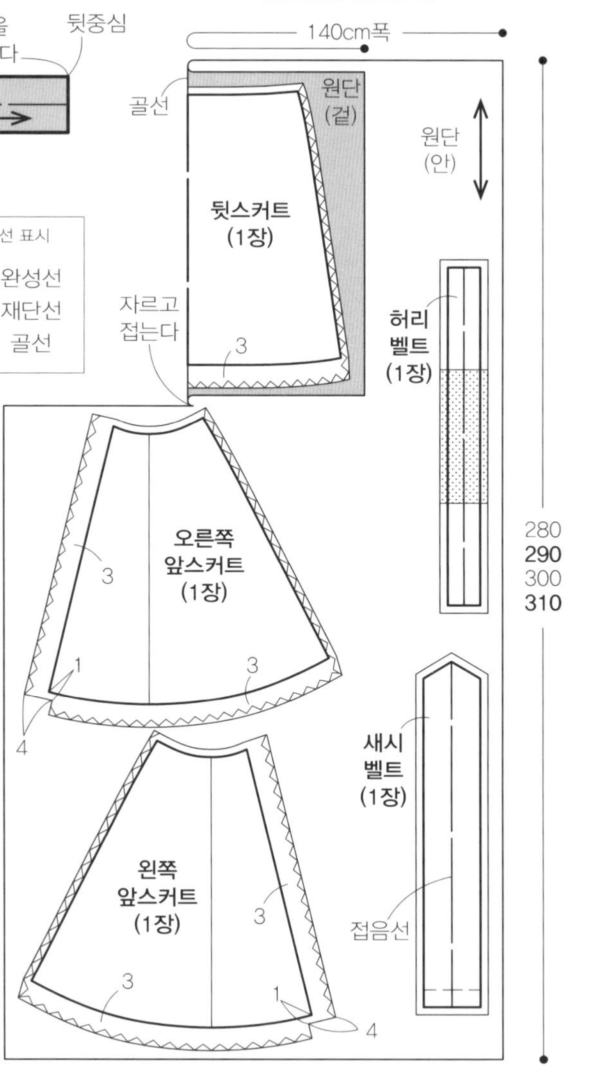

140cm폭

원단(겉)

골선

뒷스커트
(1장)

3

자르고 접는다

허리벨트
(1장)

원단(안)

오른쪽 앞스커트
(1장)

3
1　3

4

새시벨트
(1장)

접음선

왼쪽 앞스커트
(1장)

3
3
1

4

280
290
300
310

※지정 이외의 시접은 1cm

※▨ = 접착심(소잉심지)을 붙인다

※∨∨∨ = 지그재그봉제 또는 오버록 처리한다

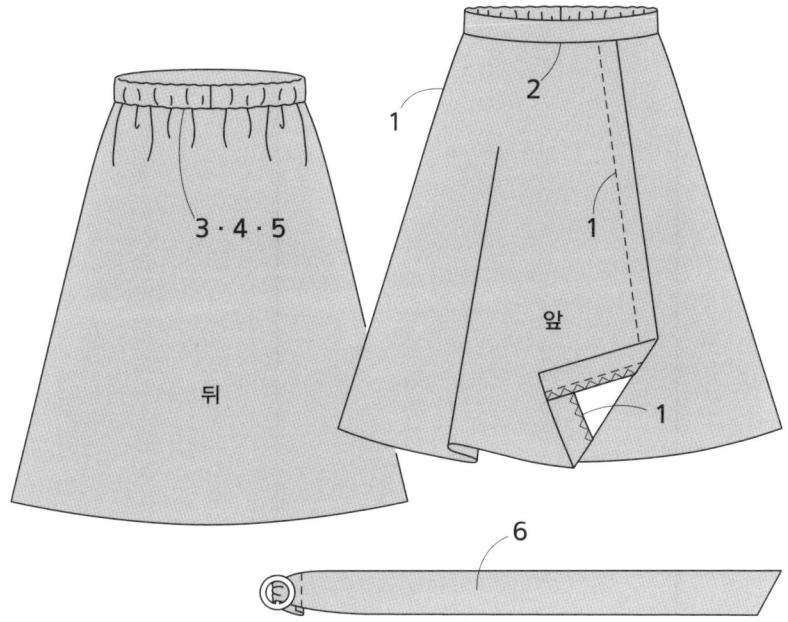

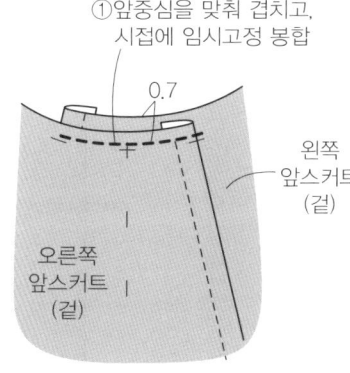

2 오른쪽·왼쪽 앞스커트를 임시고정 봉합한다

①앞중심을 맞춰 겹치고,
시접에 임시고정 봉합

0.7

왼쪽
앞스커트
(겉)

오른쪽
앞스커트
(겉)

◆**3~5** 만드는 방법은 P.38~39 참고

3 허리벨트를 만든다

4 스커트에 허리벨트를 단다

5 허리벨트에 고무줄을 통과시킨다

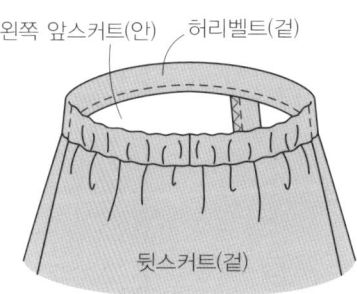

왼쪽 앞스커트(안)   허리벨트(겉)

뒷스커트(겉)

만드는 방법

1 스커트의 옆선을 봉합하고, 밑단과 앞끝을 정리한다
(밑단 공그르기 하는 방법 P.49 참고)

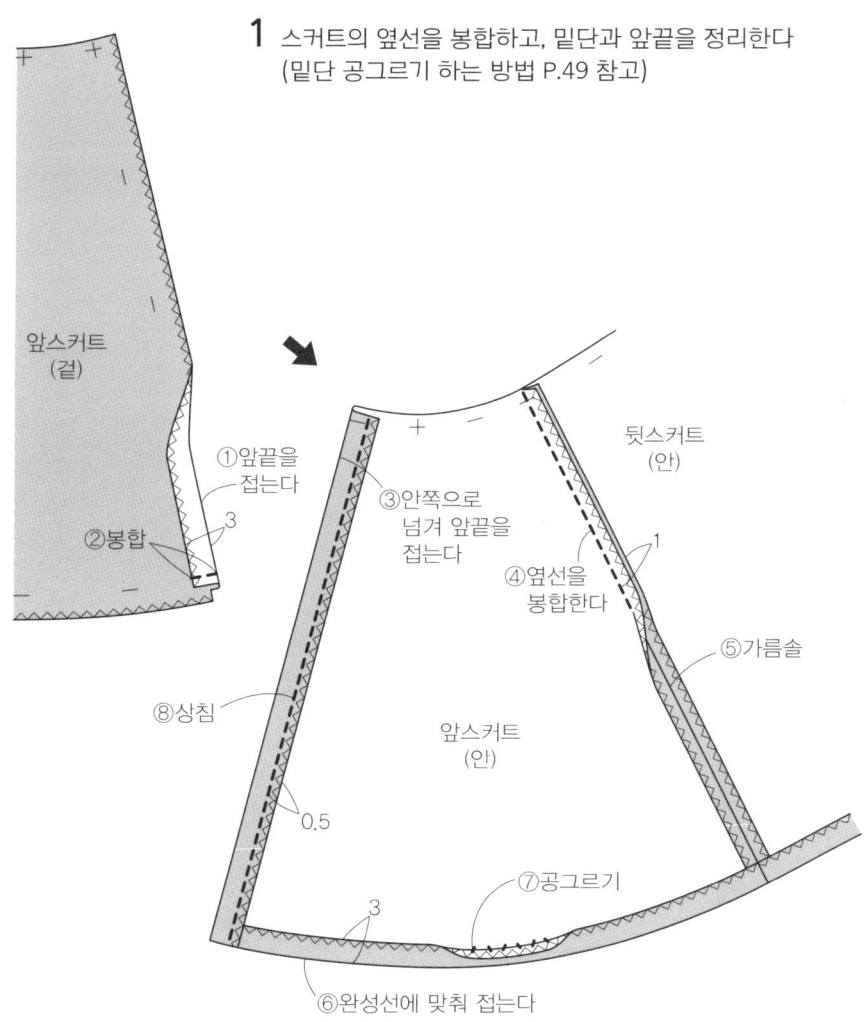

앞스커트
(겉)

①앞끝을
접는다

②봉합

3

③안쪽으로
넘겨 앞끝을
접는다

뒷스커트
(안)

④옆선을
봉합한다

1

⑤가름솔

⑧상침

앞스커트
(안)

0.5

⑦공그르기

3

⑥완성선에 맞춰 접는다

6 새시벨트를 만든다

①반으로 접는다

새시벨트(안)   ②봉합

1

③겉으로 뒤집는다

새시벨트(겉)

④버클에 끼워 접는다

5

0.2

새시벨트(겉)

1

⑤완성선에 맞춰 접고,
상침

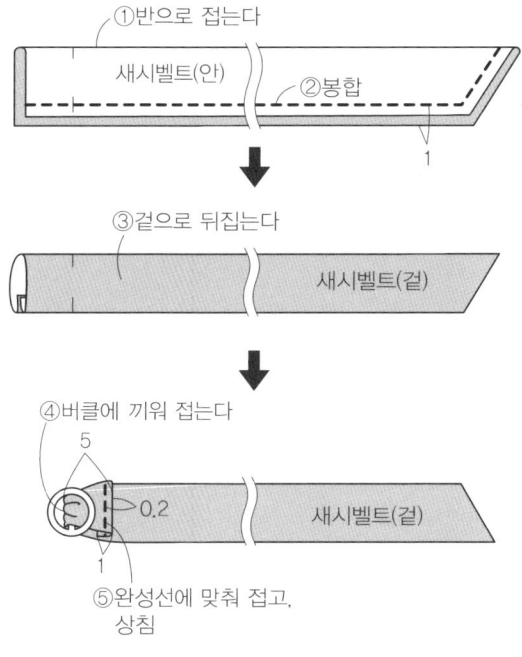

완성

59

9 (p.13)

재료 겉감(코튼) ······ 112cm폭 x 320cm(S) / **330cm(M)** / 340cm(L) / **350cm(LL)**

고무줄 ······ 4cm폭 x 65cm(S) / **70cm(M)** / 75cm(L) / **80cm(LL)**

사이즈 표시
S 사이즈
M사이즈
L 사이즈
LL사이즈
1개만 작성된 숫자는 공통

패턴에 대해서 ◆ 실물크기 패턴 : **B면 9번 패턴**을 사용합니다.

◆ 사용 패턴 : 스커트, 허리벨트

* 재단배치도에서 굵은 실선은 완성선, 얇은 실선은 재단선입니다.

완성 사이즈
단위 : cm

사이즈	S	M	L	LL
옷길이	72.5	76	78.5	80

☐ = 실물크기 패턴

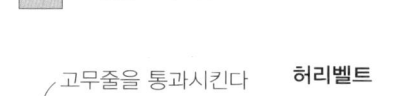

접음선 고무줄을 통과시킨다 **허리벨트**

1.5 / 1.5

맞춤점 맞춤점 맞춤점

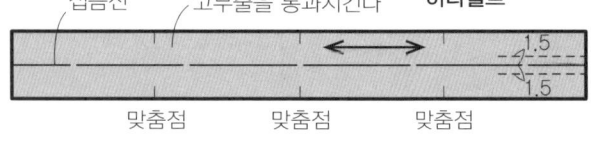

스커트
(4장)

0.6

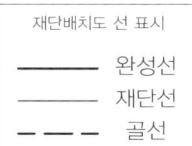

재단배치도 선 표시

——	완성선
——	재단선
– – –	골선

※ 고무줄 길이(시접 2cm 포함)
= 64 / **68** / 72 / **78**

만드는 순서

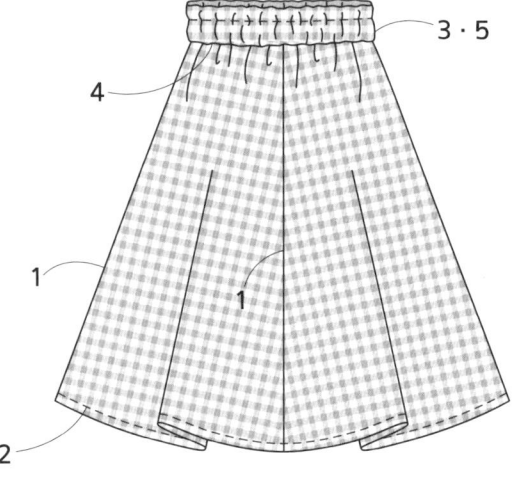

3·5

4

1

1

2

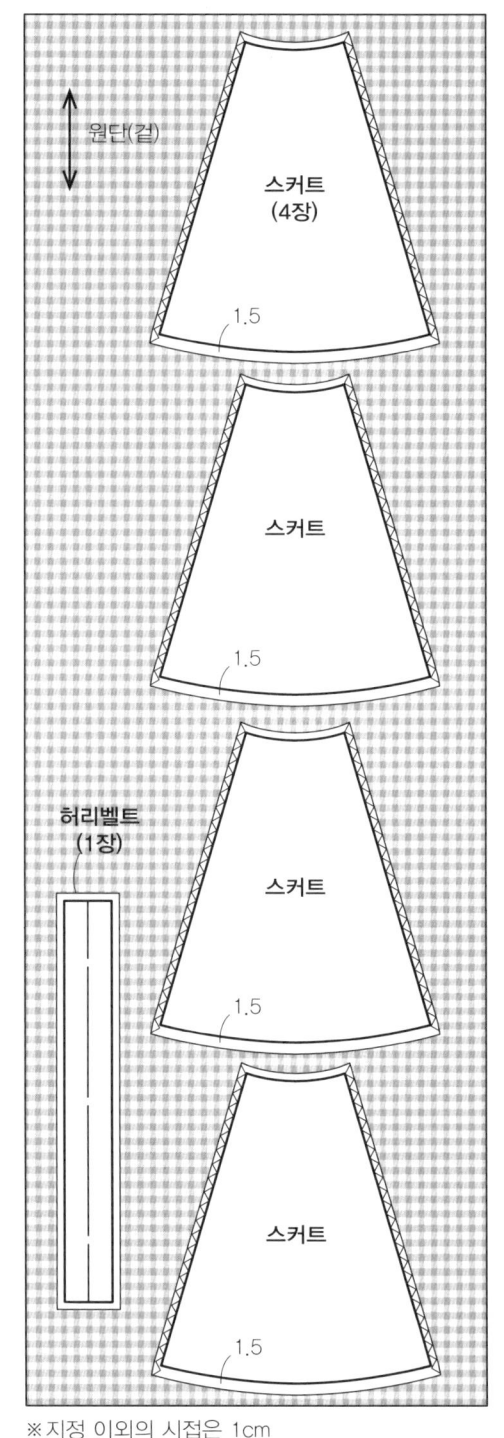

겉감 재단배치도

112cm폭

원단(겉)

스커트
(4장)

1.5

스커트

1.5

320
330
340
350

허리벨트
(1장)

스커트

1.5

스커트

1.5

※ 지정 이외의 시접은 1cm
※ ﹀﹀﹀ = 지그재그봉제 또는 오버록 처리한다

1 스커트를 모두 연결한다

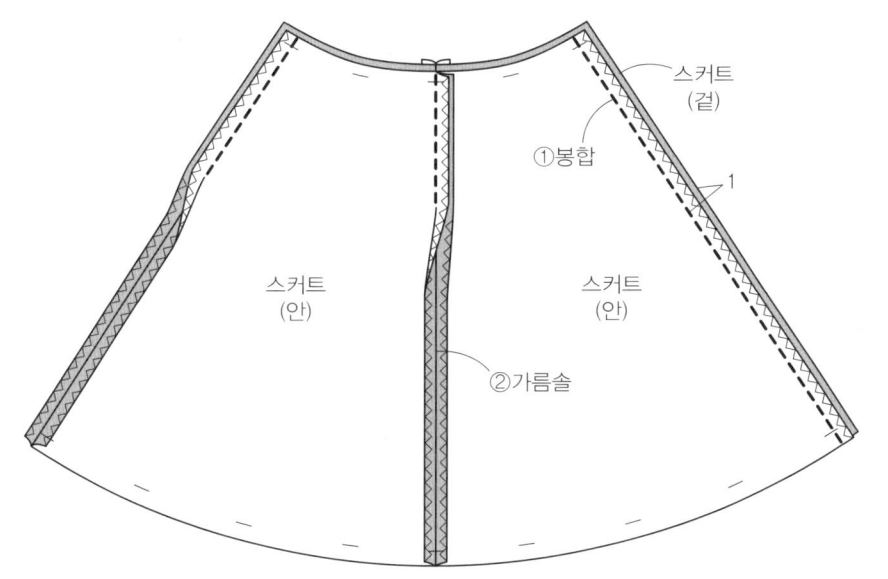

스커트
(겉)

①봉합

1

①봉합

②가름솔

스커트
(안)

스커트
(안)

2 스커트의 밑단을 정리한다

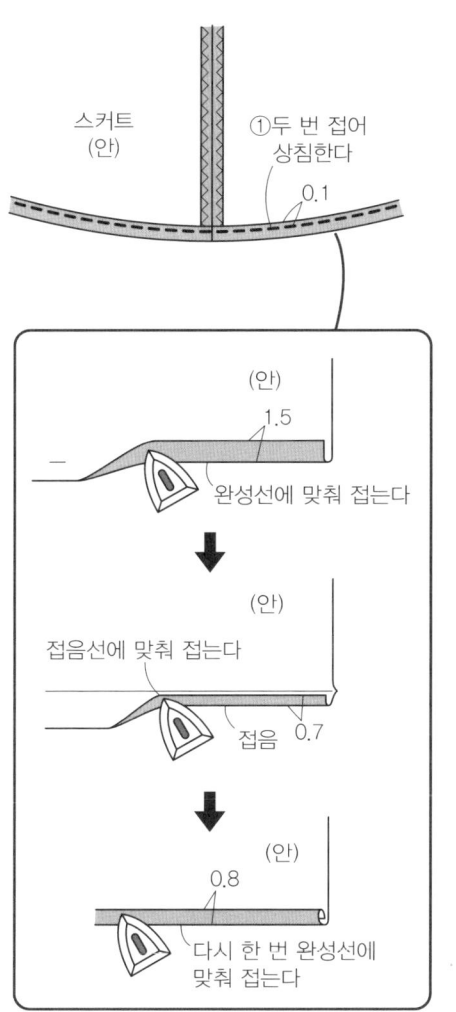

스커트
(안)

①두 번 접어
상침한다

0.1

(안)

1.5

완성선에 맞춰 접는다

(안)

접음선에 맞춰 접는다

접음 0.7

(안)

0.8

다시 한 번 완성선에
맞춰 접는다

3 허리벨트를 만든다

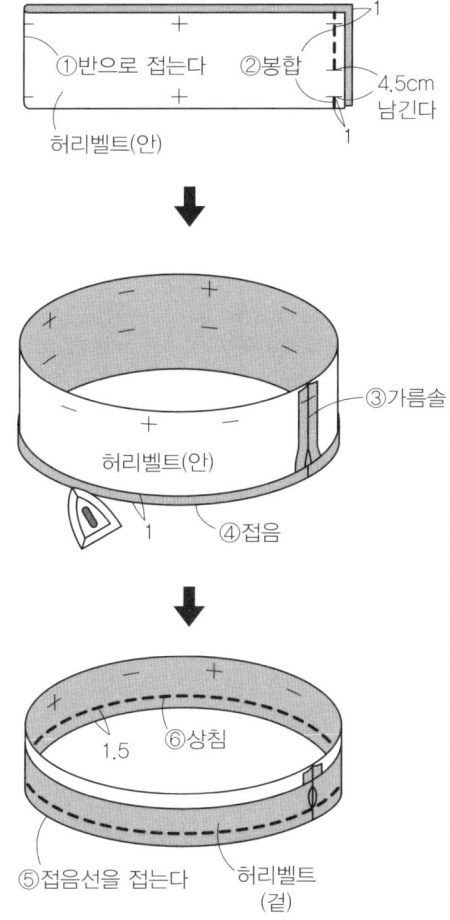

①반으로 접는다 ②봉합

1

4.5cm
남긴다

허리벨트(안)

③가름솔

허리벨트(안)

1

④접음

1.5 ⑥상침

⑤접음선을 접는다

허리벨트
(겉)

4 스커트에 허리벨트를 단다

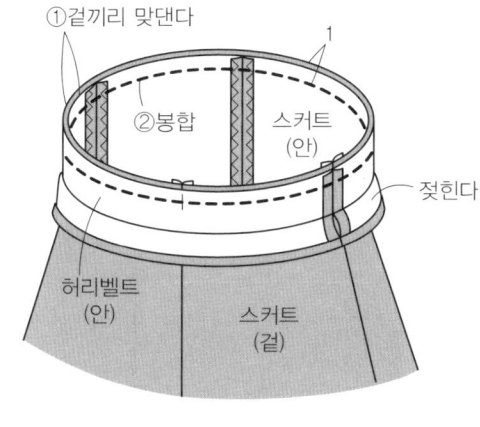

①겉끼리 맞댄다

1

②봉합

스커트
(안)

젖힌다

허리벨트
(안)

스커트
(겉)

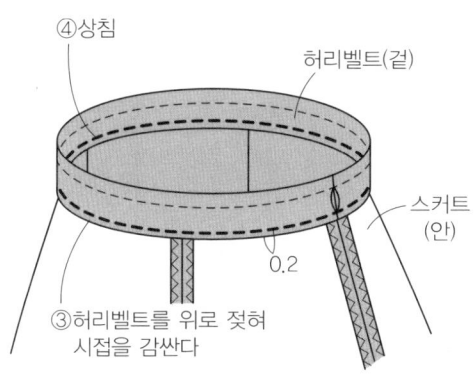

④상침

허리벨트(겉)

스커트
(안)

0.2

③허리벨트를 위로 젖혀
시접을 감싼다

5 허리벨트에 고무줄을 통과시킨다

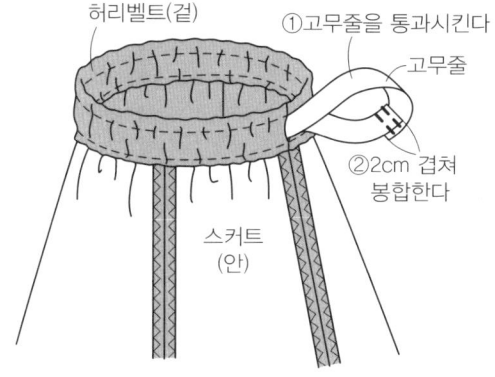

허리벨트(겉)

①고무줄을 통과시킨다

고무줄

②2cm 겹쳐
봉합한다

스커트
(안)

완성

61

재료 겉감(프렌치 리넨 캔버스) ······ 130cm폭 x 220cm(S) / **230cm(M)** / 240cm(L) / **250cm(LL)**

접착심(소잉심지) ······ 15cm폭 x 40cm(S) / **40cm(M)** / 40cm(L) / **50cm(LL)**

고무줄 ······ 4cm폭 x 35cm(S) / **35cm(M)** / 40cm(L) / **40cm(LL)**

패턴에 대해서 ◆실물크기 패턴 : A면 12번 패턴을 사용합니다.

◆사용 패턴 : 오른쪽·왼쪽 앞스커트, 뒷스커트, 허리벨트

* 오른쪽·왼쪽 앞스커트 패턴은 맞춤점을 맞춰 한 장으로 연결하여 사용해주세요.

* 재단배치도에서 굵은 실선은 완성선, 얇은 실선은 재단선입니다.

완성 사이즈 단위: cm

사이즈	S	M	L	LL
옷길이	58	61	63.5	65

사이즈 표시	재단배치도 선 표시	
S 사이즈		완성선
M 사이즈		재단선
L 사이즈		골선
LL사이즈		
1개만 작성된 숫자는 공통		

　　= 실물크기 패턴

허리벨트

고무줄을 통과시킨다 · 옆신 · 앞중심 · 옆선 · 고무줄을 통과시긴다

뒷중심 · 접음선 · 접착심(소잉심지)을 붙인다 · 1 · 1

겉감 재단배치도

130cm폭

골선

뒷스커트 (1장)

자르고 접는다

뒷스커트

뒷중심 골선

안단

앞중심 · 앞끝

0.4

0.4

오른쪽 앞스커트

왼쪽 앞스커트 (1장)

허리 벨트 (1장)

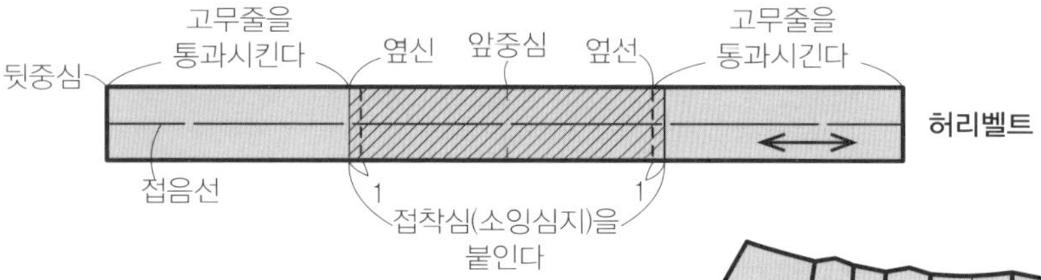

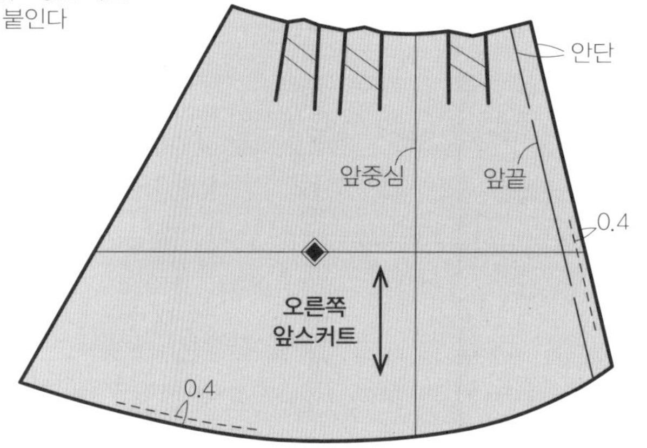

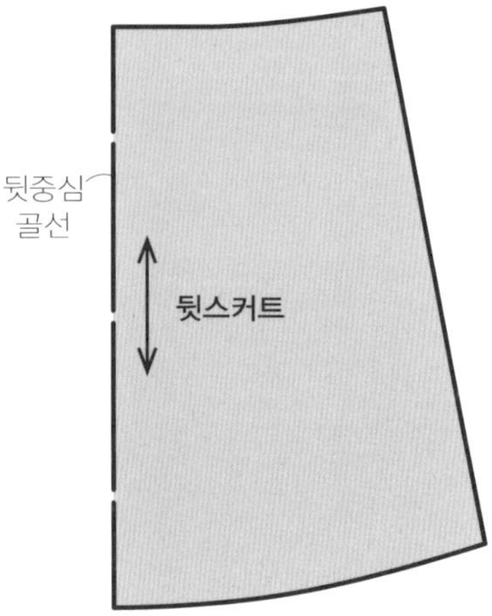

※고무줄 길이(시접 2cm 포함) = 32 / **34** / 36 / **39**

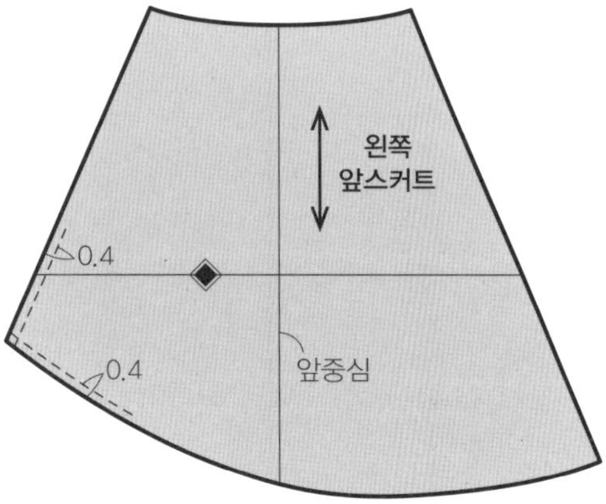

원단 (겉)

오른쪽 앞스커트 (1장)

0.4

0.4

0.4

왼쪽 앞스커트

앞중심

220 / **230** / 240 / **250**

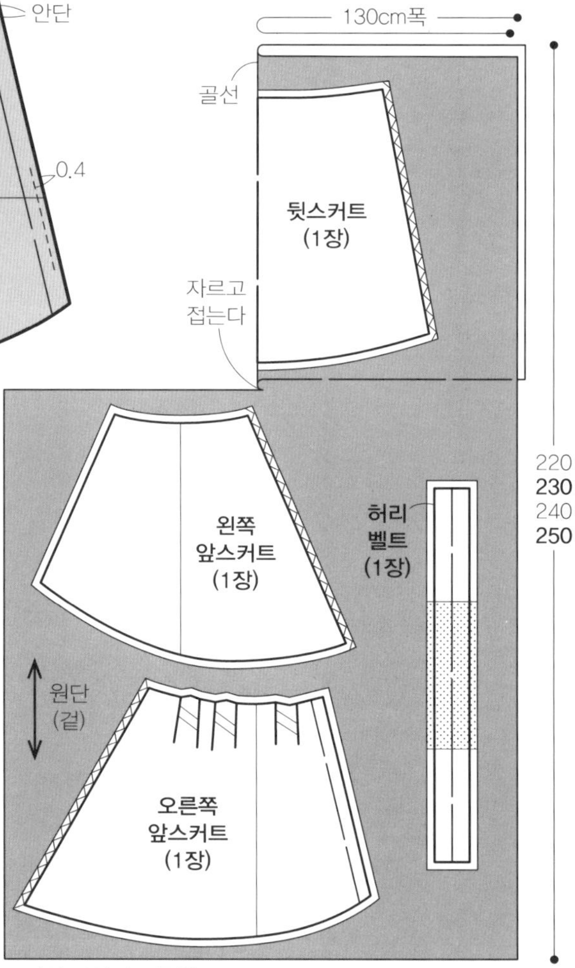

※지정 이외의 시접은 1cm

※▨ = 접착심(소잉심지)을 붙인다

※〰 = 지그재그봉제 또는 오버록 처리한다

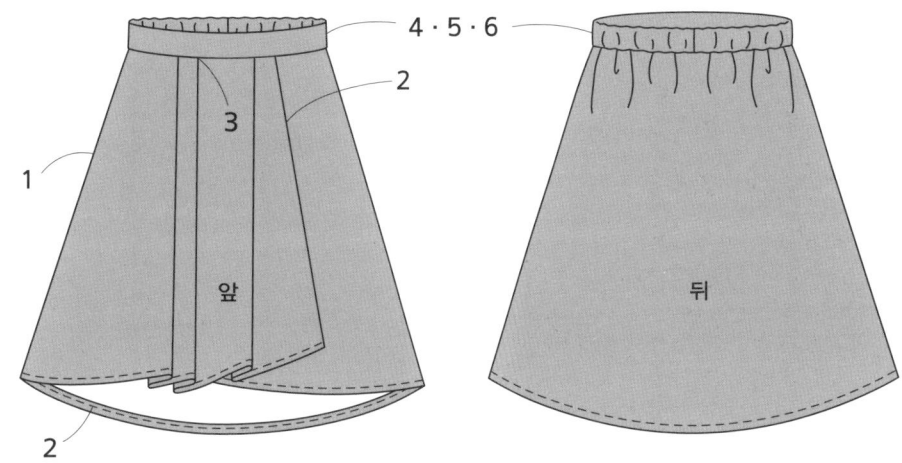

4 · 5 · 6

3

앞

2

1

2

뒤

만드는 방법

1 스커트의 옆선을 봉합한다

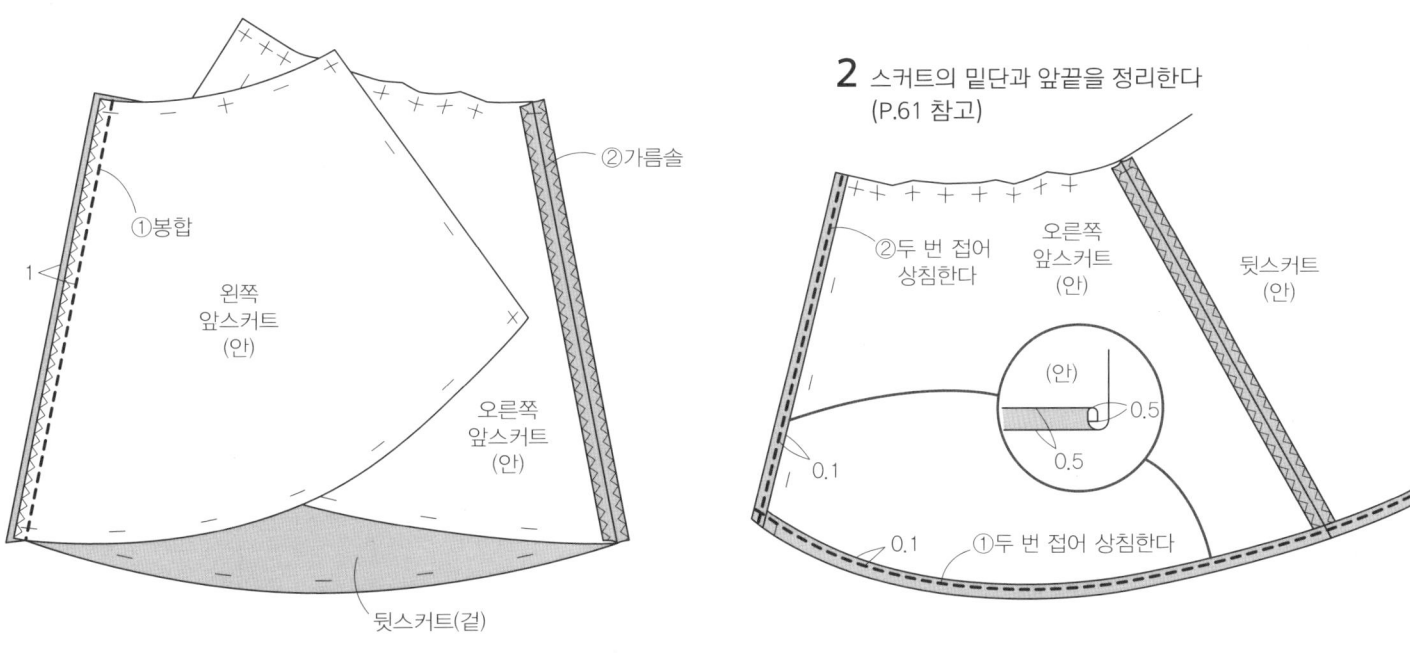

②가름솔

①봉합

1

왼쪽
앞스커트
(안)

오른쪽
앞스커트
(안)

뒷스커트(겉)

2 스커트의 밑단과 앞끝을 정리한다
(P.61 참고)

②두 번 접어
상침한다

오른쪽
앞스커트
(안)

뒷스커트
(안)

0.1

(안)

0.5

0.5

0.1

①두 번 접어 상침한다

---

3 턱을 잡고, 오른쪽·왼쪽 앞스커트를 임시고정 봉합한다

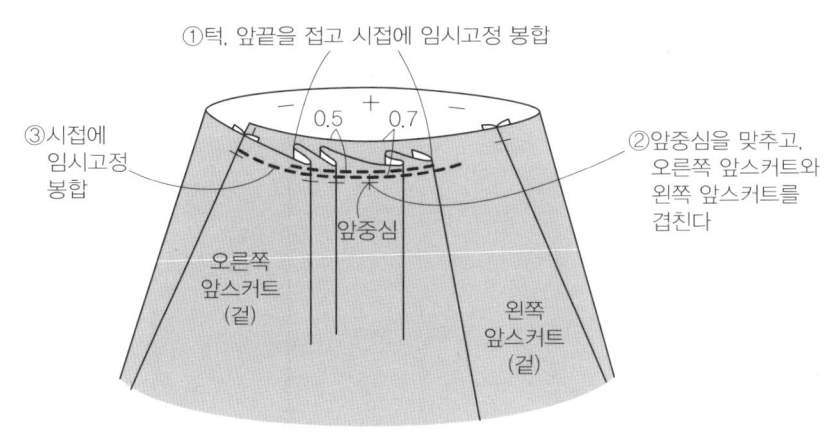

①턱. 앞끝을 접고 시접에 임시고정 봉합

0.5   0.7

③시접에
임시고정
봉합

앞중심

②앞중심을 맞추고,
오른쪽 앞스커트와
왼쪽 앞스커트를
겹친다

오른쪽
앞스커트
(겉)

왼쪽
앞스커트
(겉)

4 허리벨트를 만든다(P.38 참고)

5 스커트에 허리벨트를 단다(P.38 참고)

6 허리벨트에 고무줄을 통과시킨다(P.39 참고)

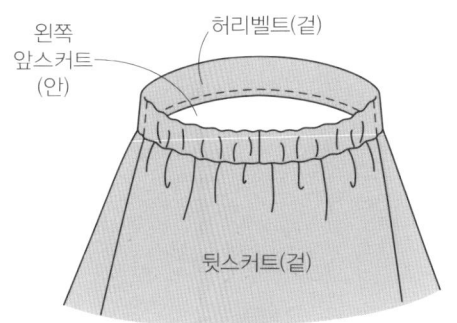

왼쪽
앞스커트
(안)

허리벨트(겉)

뒷스커트(겉)

완성

63

13 (p.17)

재료 겉감(폴리에스테르) …… 110cm폭 x 160cm(S) / **170cm(M)** / 180cm(L) / **190cm(LL)**

접착심(소잉심지) …… 112cm폭 x 20cm

콘실지퍼 …… 22cm길이 1개

걸고리 …… 1쌍

패턴에 대해서 ◆실물크기 패턴 : **A면 13번 패턴**을 사용합니다.

◆사용 패턴 : 앞 · 뒤요크

* 앞 · 뒤요크 패턴은 좌우로 대칭되도록 베낍니다.

* 앞 · 뒤스커트는 기재된 치수로 직접 제도하여 사용합니다.

* 재단배치도에서 굵은 실선은 완성선, 얇은 실선은 재단선입니다.

사이즈 표시
S 사이즈
M사이즈
L 사이즈
LL사이즈
1개만 작성된 숫자는 공통

재단배치도 선 표시	
	완성선
	재단선
— — —	골선

완성 사이즈

단위 : cm

사이즈	S	M	L	LL
옷길이	62	**65**	67.5	**69**
허리둘레	68	**72**	76	**82**

= 실물크기 패턴

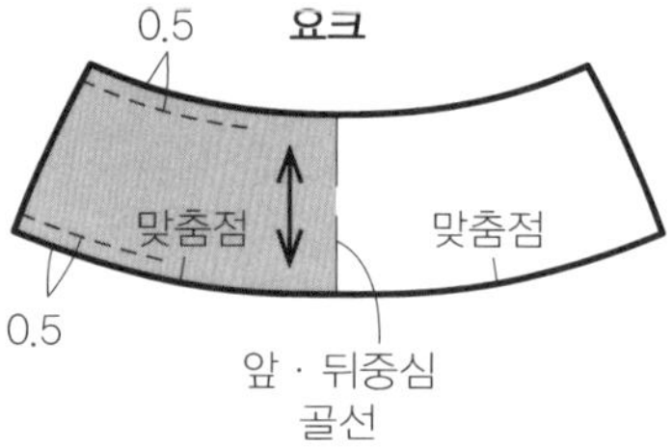

요크

0.5

맞춤점 맞춤점

0.5

앞 · 뒤중심
골선

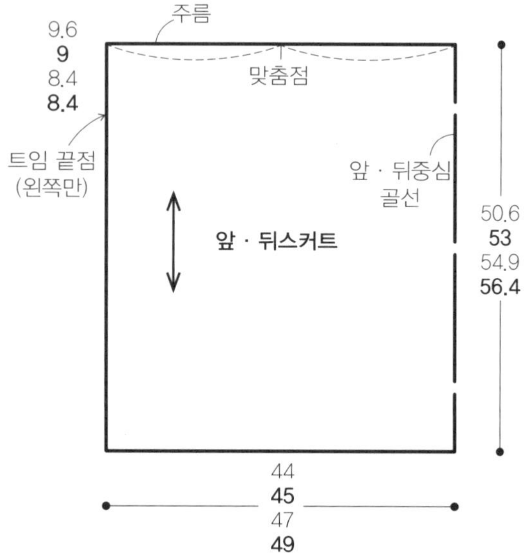

주름

9.6
9
8.4
8.4

맞춤점

트임 끝점
(왼쪽만)

앞 · 뒤중심
골선

앞 · 뒤스커트

50.6
53
54.9
56.4

44
45
47
49

만드는 순서

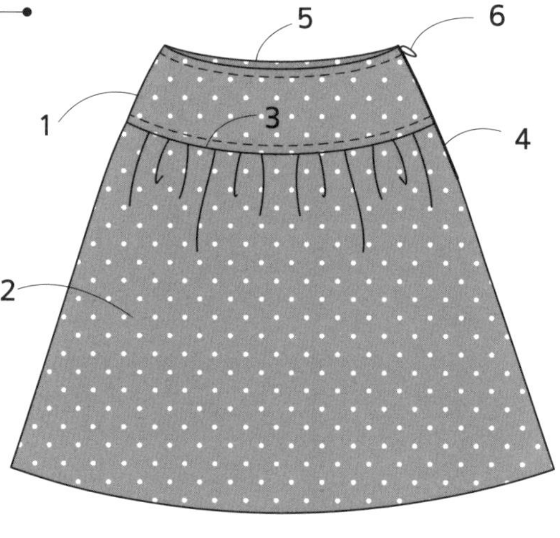

겉감 재단배치도

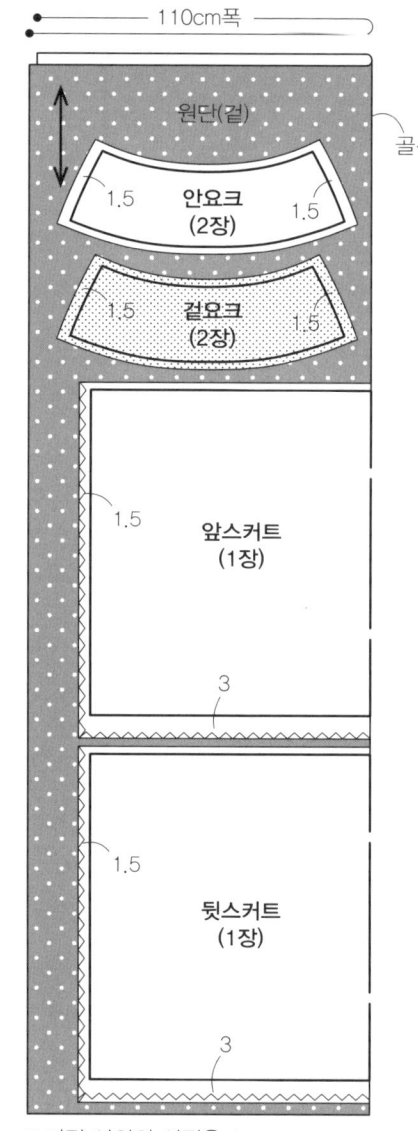

110cm폭

원단(겉)

골선

안요크
(2장)
1.5 1.5

겉요크
(2장)
1.5 1.5

1.5
앞스커트
(1장)

3

1.5
뒷스커트
(1장)

3

160
170
180
190

※ 지정 이외의 시접은 1cm

※  = 접착심(소잉심지)을 붙인다

※ ∿∿∿ = 지그재그봉제 또는 오버록 처리한다

64

1 요크의 오른쪽 옆선을 봉합한다

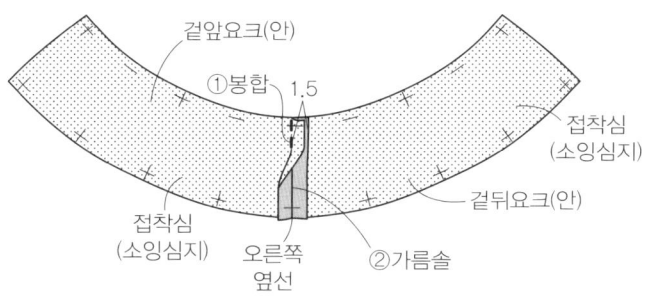

겉앞요크(안)
①봉합 1.5
접착심
(소잉심지)
접착심
(소잉심지)
오른쪽
옆선
②가름솔
겉뒤요크(안)

안뒤요크(안)
③봉합
1.5 안앞요크(안)
오른쪽
옆선
④가름솔
⑤지그재그봉제 또는
오버록 처리

2 스커트를 만든다

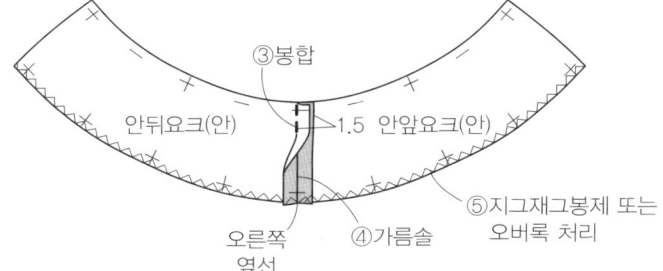

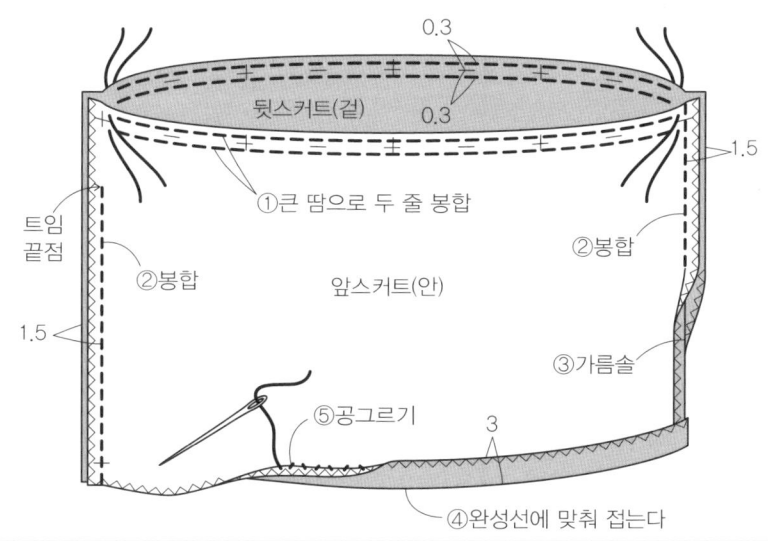

0.3
뒷스커트(겉)
0.3
1.5
트임
끝점
①큰 땀으로 두 줄 봉합
②봉합
②봉합
앞스커트(안)
③가름솔
1.5
⑤공그르기
3
④완성선에 맞춰 접는다

3 스커트와 겉요크를 연결한다

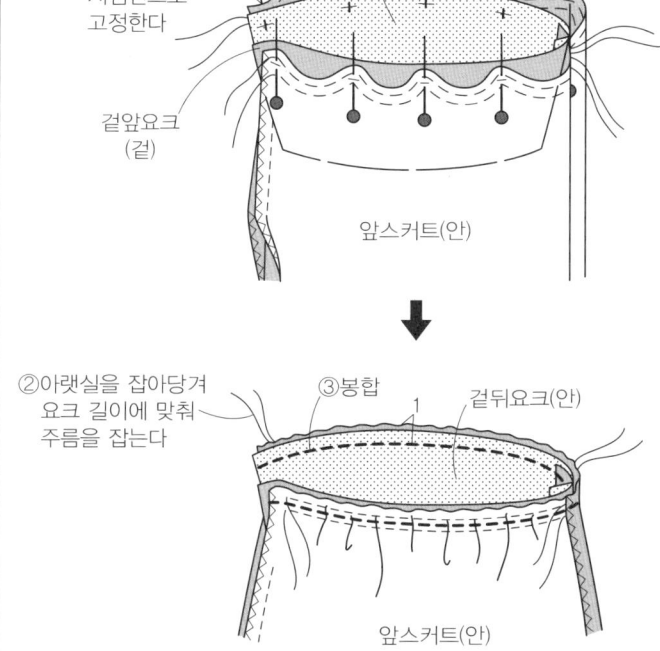

①옆선, 중심, 맞춤점을 시침핀으로 고정한다
겉뒤요크(안)
겉앞요크
(겉)
앞스커트(안)

②아랫실을 잡아당겨 요크 길이에 맞춰 주름을 잡는다
③봉합
1
겉뒤요크(안)
앞스커트(안)

4 콘실지퍼를 단다(P.34 참고)

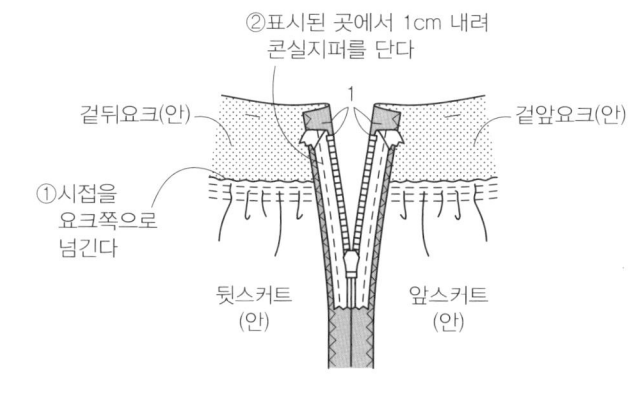

②표시된 곳에서 1cm 내려 콘실지퍼를 단다
겉뒤요크(안)
1
겉앞요크(안)
①시접을 요크쪽으로 넘긴다
뒷스커트(안)
앞스커트(안)

5 스커트에 안요크를 연결한다

①봉합
겉뒤요크(안)
안앞요크(안)
1
앞스커트(겉)

②안요크를 안쪽으로 넘긴다
겉앞요크(겉)
안뒤요크(겉)
0.5
④상침
③시접을 접어 넣고 공그르기한다
⑤스커트쪽의 주름을 잡은 실을 제거한다
앞스커트(겉)

6 요크에 걸고리를 단다(P.43 참고)

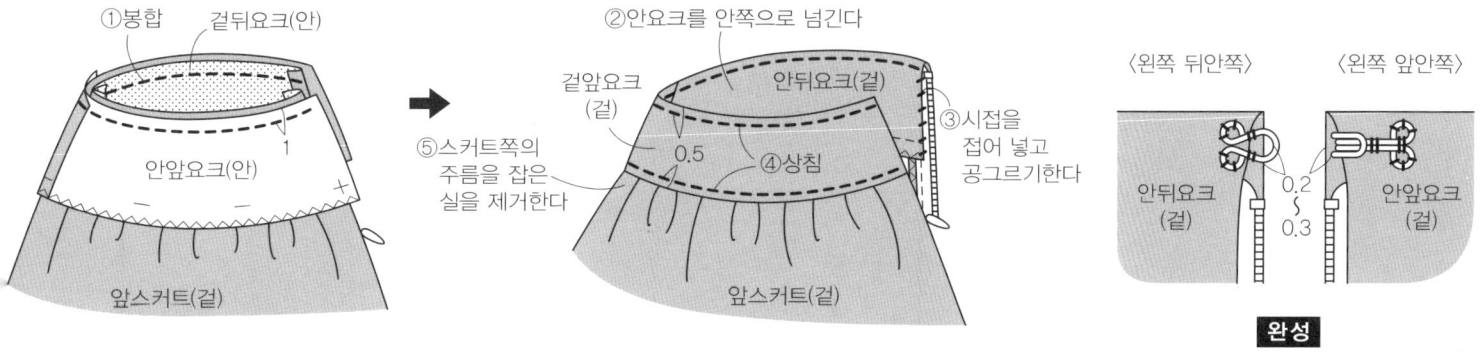

〈왼쪽 뒤안쪽〉 〈왼쪽 앞안쪽〉
안뒤요크
(겉)
0.2
~
0.3
안앞요크
(겉)

완성

14 (p.18)

재료 겉감(면 트윌) ······ 112cm폭 x 180cm(S) / **190cm(M)** / 200cm(L) / **210cm(LL)**

접착심(소잉심지) ······ 112cm폭 x 30cm(S) / **30cm(M)** / 40cm(L) / **40cm(LL)**

콘실지퍼 ······ 22cm길이 1개

걸고리 ······ 1쌍

패턴에 대해서 ◆실물크기 패턴 : A면 14번 패턴을 사용합니다.

◆사용 패턴 : 앞스커트, 오른쪽·왼쪽 뒷스커트, 앞·뒤안단, 플랩, 주머니

* 뒷스커트 패턴을 베낄 때는 오른쪽·왼쪽 뒷스커트를 각각 베낍니다.

* 재단배치도에서 굵은 실선은 완성선, 얇은 실선은 재단선입니다.

사이즈 표시

S 사이즈

M 사이즈

L 사이즈

LL사이즈

1개만 작성된 숫자는 공통

재단배치도 선 표시

―――― 완성선

―――― 재단선

― ― ― 골선

완성 사이즈   단위 : cm

사이즈	S	M	L	LL
옷길이	72.5	76	78.5	80
허리둘레	66	70	74	80
엉덩이둘레	96	98	102	106

■ = 실물크기 패턴

겉감 재단배치도

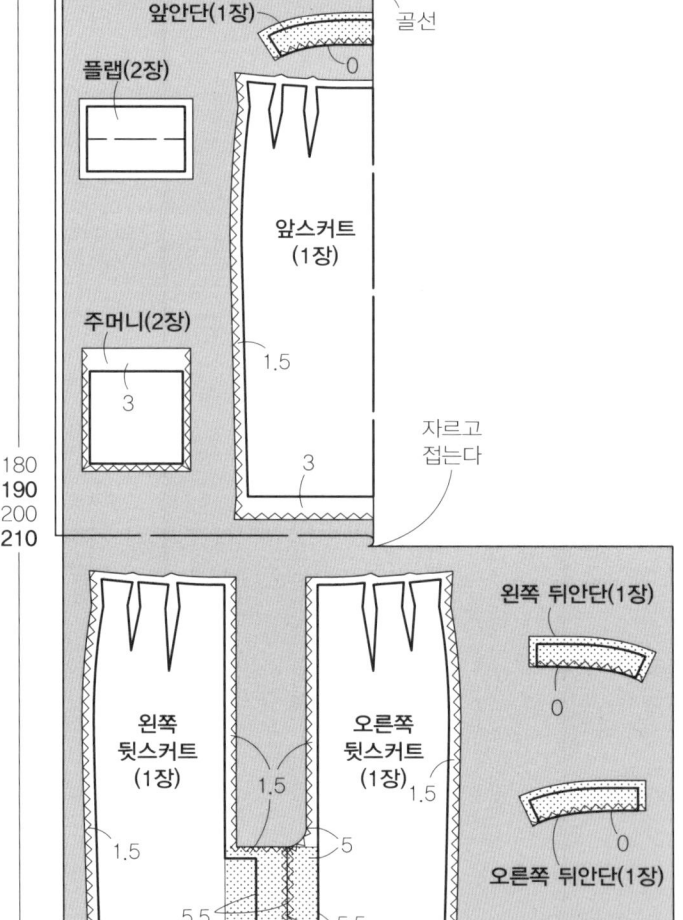

플랩

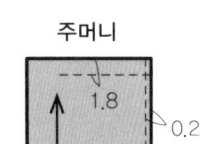

0.8 0.1

접음선 0.7

주머니

1.8

0.2

뒤안단

뒷중심

걸고리

0.2

앞안단

앞중심
골선

0.2

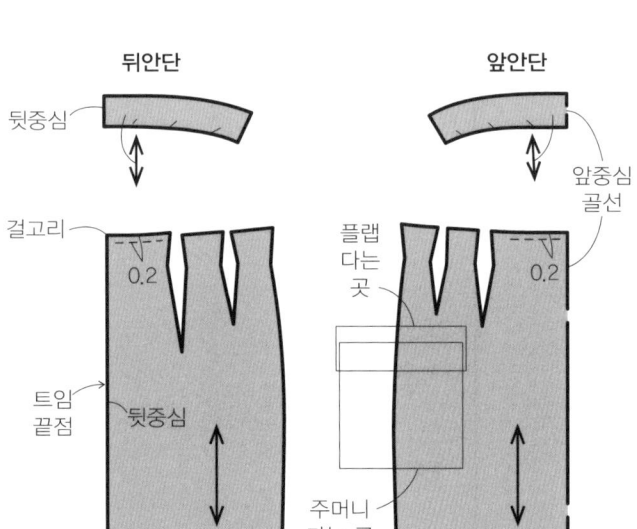

틈임
끝점

뒷중심

봉합
끝점

왼쪽
뒷스커트

오른쪽
뒷스커트

4.5 뒷트임안단

플랩
다는
곳

주머니
다는 곳

앞스커트

※지정 이외의 시접은 1cm

※▨ = 접착심(소잉심지)을 붙인다

※〰〰 = 지그재그봉제 또는 오버록 처리한다

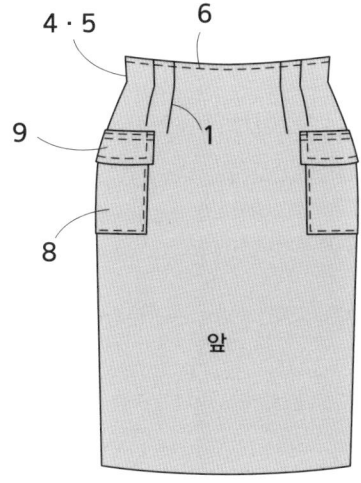

4·5   6
9
8
1
앞

10
1
2·3
7
뒤

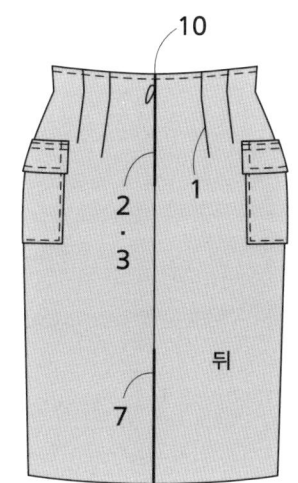

1 스커트의 다트를 봉합한다(P.40 참고)

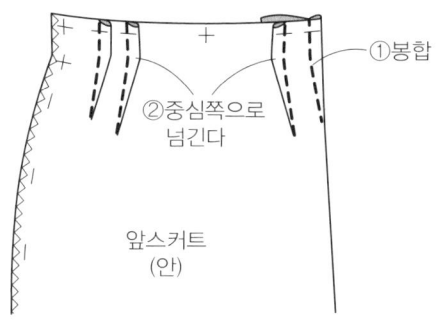

①봉합
②중심쪽으로
넘긴다
앞스커트
(안)

2 스커트의 뒷중심을 봉합한다

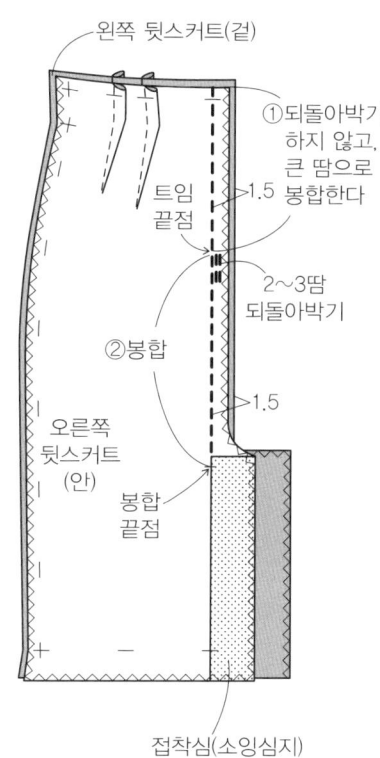

왼쪽 뒷스커트(겉)

①되돌아박기를
하지 않고,
큰 땀으로
봉합한다
1.5

트임
끝점

2~3땀
되돌아박기

②봉합

오른쪽
뒷스커트
(안)

1.5

봉합
끝점

접착심(소잉심지)

3 콘실지퍼를 단다(P.34 참고)

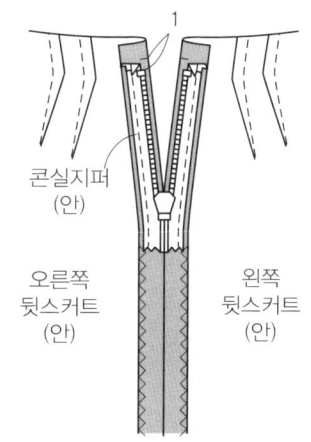

1

콘실지퍼
(안)

오른쪽
뒷스커트
(안)

왼쪽
뒷스커트
(안)

4 스커트의 옆선을 봉합한다

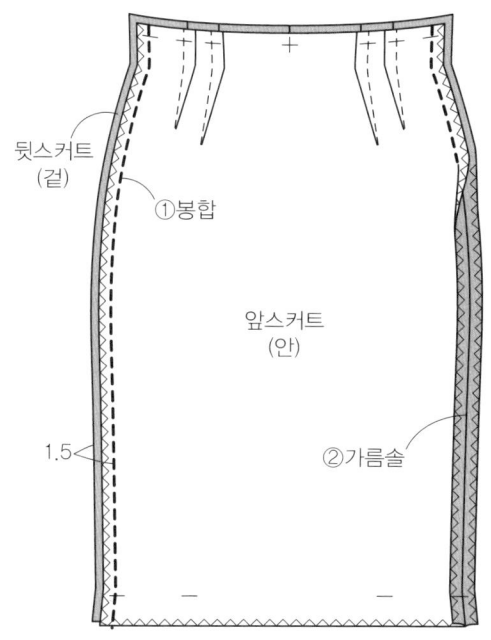

뒷스커트
(겉)
①봉합
앞스커트
(안)
②가름솔
1.5

5 안단의 옆선을 봉합한다

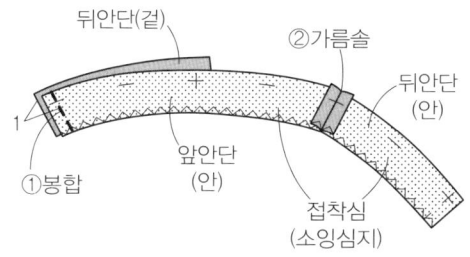

뒤안단(겉)
②가름솔
뒤안단
(안)
1
①봉합
앞안단
(안)
접착심
(소잉심지)

6 스커트에 안단을 단다

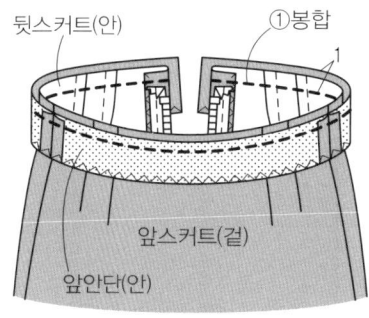

뒷스커트(안)
①봉합
1
앞스커트(겉)
앞안단(안)

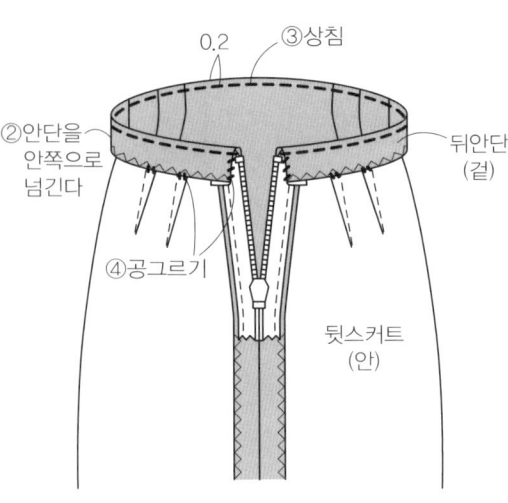

0.2 ③상침
②안단을 안쪽으로 넘긴다
뒤안단 (겉)
④공그리기
뒷스커트 (안)

7 스커트의 뒷트임을 정리한다

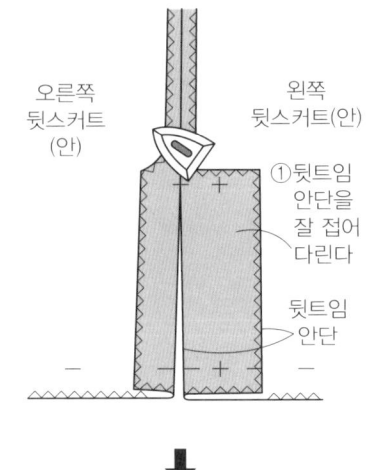

오른쪽 뒷스커트 (안)
왼쪽 뒷스커트(안)
①뒷트임 안단을 잘 접어 다린다
뒷트임 안단

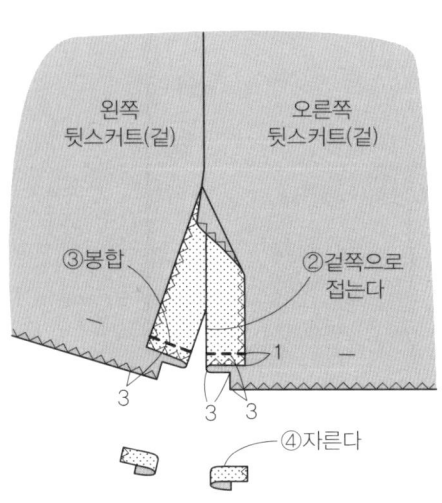

왼쪽 뒷스커트(겉)
오른쪽 뒷스커트(겉)
③봉합
②겉쪽으로 접는다
1
3 3 3
④자른다

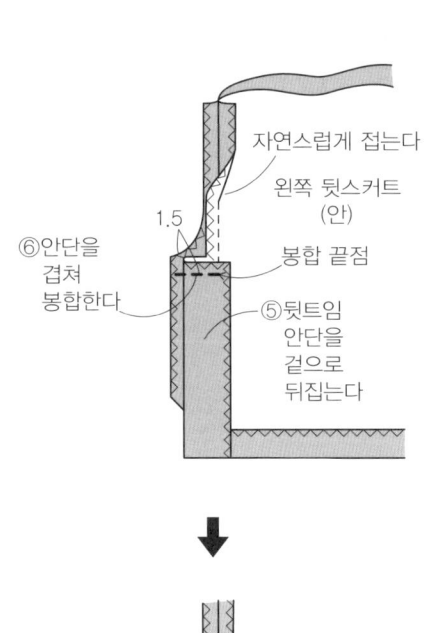

자연스럽게 접는다
왼쪽 뒷스커트 (안)
봉합 끝점
1.5
⑥안단을 겹쳐 봉합한다
⑤뒷트임 안단을 겉으로 뒤집는다

오른쪽 뒷스커트 (안)
왼쪽 뒷스커트 (안)
⑦공그리기
3
3
⑧공그리기

8 주머니를 만들어 단다

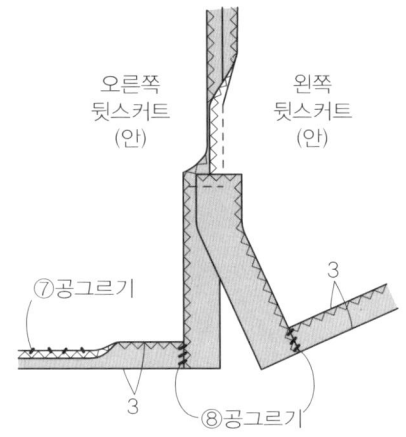

①두 번 접어 상침한다
2
주머니 (안)
0.2
1
1 1 1
②완성선에 맞춰 접는다
(안)
2
1

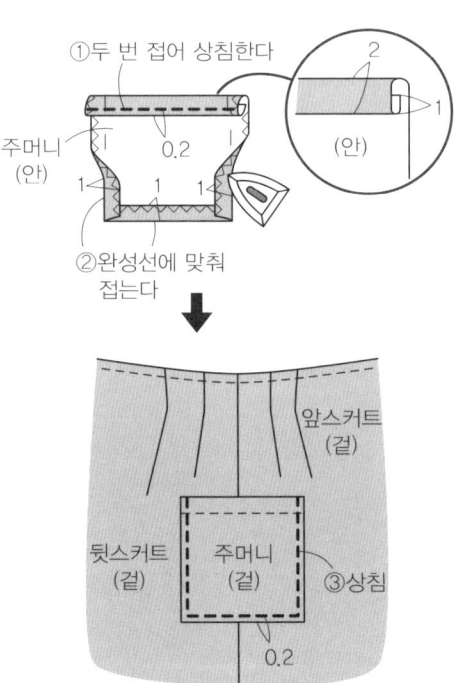

앞스커트 (겉)
뒷스커트 (겉)
주머니 (겉)
③상침
0.2

※반대쪽도 ①~③과정과 같은 방법으로 만든다

9 플랩을 만들어 스커트에 단다

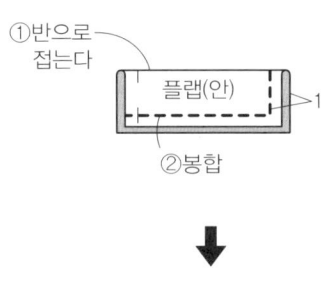

①반으로 접는다
플랩(안)
1
②봉합

③겉으로 뒤집는다
④시접을 안으로 접어 넣고 공그리기한다
플랩(겉)
0.7 ⑤상침

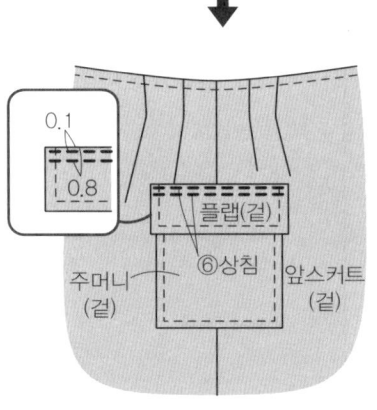

0.1
0.8
플랩(겉)
⑥상침
주머니 (겉)
앞스커트 (겉)

10 스커트의 허리에 걸고리를 단다
(P.43 참고)

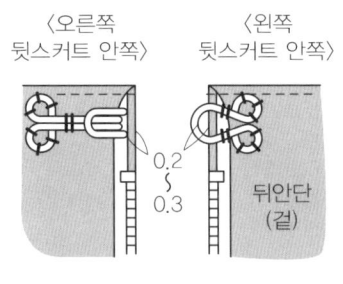

〈오른쪽 뒷스커트 안쪽〉
〈왼쪽 뒷스커트 안쪽〉
0.2 ~ 0.3
뒤안단 (겉)

완성

68

15 (p.20)

재료	
겉감(면 트윌) ……	120cm폭 x 190cm(S) / **200cm(M)** / 210cm(L) / **220cm(LL)**
접착심(소잉심지) ……	112cm폭 x 30cm(S) / **30cm(M)** / 40cm(L) / **40cm(LL)**
콘실지퍼 ……	22cm길이 1개
걸고리 ……	1쌍

사이즈 표시
S 사이즈
M사이즈
L 사이즈
LL사이즈
1개만 작성된 숫자는 공통

패턴에 대해서

◆실물크기 패턴 : **B면 16번 패턴**을 사용합니다.

◆사용 패턴 : 왼쪽 앞스커트, 뒷스커트, 왼쪽 앞안단A, 뒤안단

* 재단배치도에서 굵은 실선은 완성선, 얇은 실선은 재단선입니다.

◆패턴 수정하는 방법

* B면 16번 패턴에서 왼쪽 앞스커트 앞중심을 골선으로 사용합니다.

* B면 16번 패턴에서 뒷스커트 뒷중심을 지퍼 다는 곳으로 하고 왼쪽 뒷스커트에 뒷트임 안단을 추가하여 오른쪽·왼쪽 뒷스커트를 각각 베낍니다.

* B면 16번 패턴에서 왼쪽 앞안단A 앞중심을 골선으로 사용합니다.

■ = 실물크기 패턴

완성 사이즈   단위: cm

사이즈	S	M	L	LL
옷길이	68.5	**72**	74.5	**76**
허리둘레	66	**70**	74	**80**
엉덩이둘레	96	**98**	102	**106**

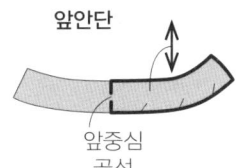
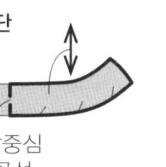

앞안단
앞중심 골선

뒤안단
뒷중심

겉감 재단배치도

120cm폭

골선

뒤안단(2장)

앞안단(1장)

1.5

앞스커트 (1장)

자르고 접는다

3

190
200
210
220

걸고리

0.5

21cm 트임 끝점

뒷중심

왼쪽 뒷스커트

오른쪽 뒷스커트

24
25
25.5
26

4.5 뒷트임 안단

0.5

앞중심 골선

앞스커트

재단배치도 선 표시

———	완성선
———	재단선
- - -	골선

원단 (겉)

왼쪽 뒷스커트 (1장)

오른쪽 뒷스커트 (1장)

1.5   1.5

5

5.5

5.5

3   3

※지정 이외의 시접은 1cm
※ ▒ = 접착심(소잉심지)을 붙인다
※ ∨∨∨ = 지그재그봉제 또는 오버록 처리한다

만드는 순서

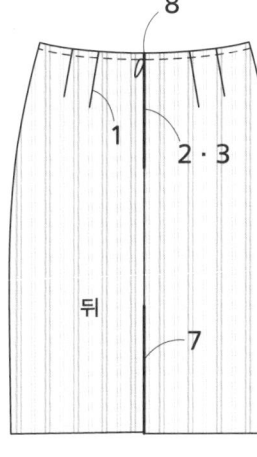

6
8
1
앞
2·3
뒤
7

만드는 방법

1 다트를 봉합한다(P.40 참고)

2 뒷중심을 봉합한다(P.67-**2** 참고)

3 콘실지퍼를 단다(P.34 참고)

4 스커트의 옆선을 봉합한다(P.67-**4** 참고)

5 안단의 옆선을 봉합한다(P.67-**5** 참고)

6 스커트에 안단을 단다(P.67-**6** 참고)

7 스커트의 뒷트임을 정리한다(P.68-**7** 참고)

8 스커트에 걸고리를 단다(P.43 참고)

10 (p.14)   ## 11 (p.15)

재료

10 겉감(프렌치 리넨) ······ 130cm폭 x 150cm(S) / **160cm(M)** / 170cm(L) / **180cm(LL)**

11 겉감(캔버스 샴브레이) ······ 145cm폭 x 170cm(S) / **180cm(M)** / 190cm(L) / **200cm(LL)**

접착심(소잉심지) ······ 112cm폭 x 30cm

단추 ······ 2.5cm폭 1개

속단추 ······ 2.5cm폭 1쌍

사이즈 표시
S 사이즈
M사이즈
L 사이즈
LL사이즈
1개만 작성된 숫자는 공통

패턴에 대해서

◆ 실물크기 패턴 : B면 10번, 11번 패턴을 사용합니다.

◆ 사용 패턴 : 앞·뒤스커트, 앞·뒤안단

* 앞안단 패턴은 앞스커트와 반대로 뒤집어 배치합니다.

* 앞스커트 패턴은 맞춤점을 맞춰 한 장으로 연결하여 사용해주세요.

* 재단배치도에서 굵은 실선은 완성선, 얇은 실선은 재단선입니다.

완성 사이즈

단위 : cm

사이즈	S	M	L	LL
10 옷길이	57	**60**	62	**63**
11 옷길이	66.5	**70**	72.5	**73.5**

재단배치도 선 표시	
———	완성선
———	재단선
- - -	골선

▨ = 실물크기 패턴

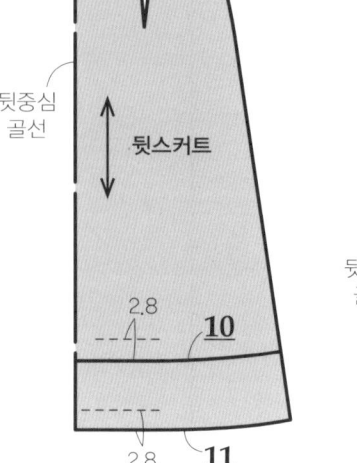

뒷중심 골선

↕ 뒷스커트

2.8 **10**

2.8 **11**

뒤안단

0.5

뒷중심 골선

0.5

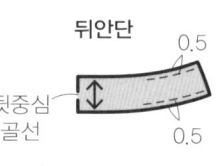

앞안단

0.5 1.5 2

겉쪽 접음선   안쪽 접음선
앞중심

0.5

속단추   앞중심

겉감 재단배치도 (공통)

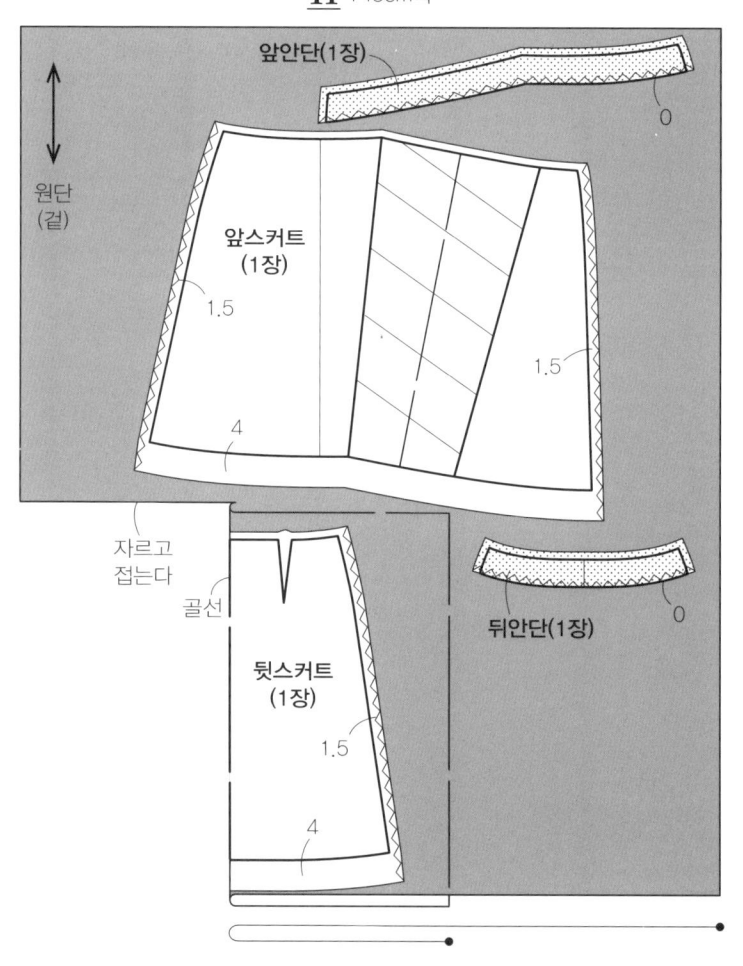

10 130cm폭

11 145cm폭

원단 (겉)

앞안단(1장)

0

앞스커트 (1장)

1.5

1.5

4

자르고 접는다

골선

뒷스커트 (1장)

1.5

4

뒤안단(1장)

0

10
150
160
170
180
·
11
170
180
190
200

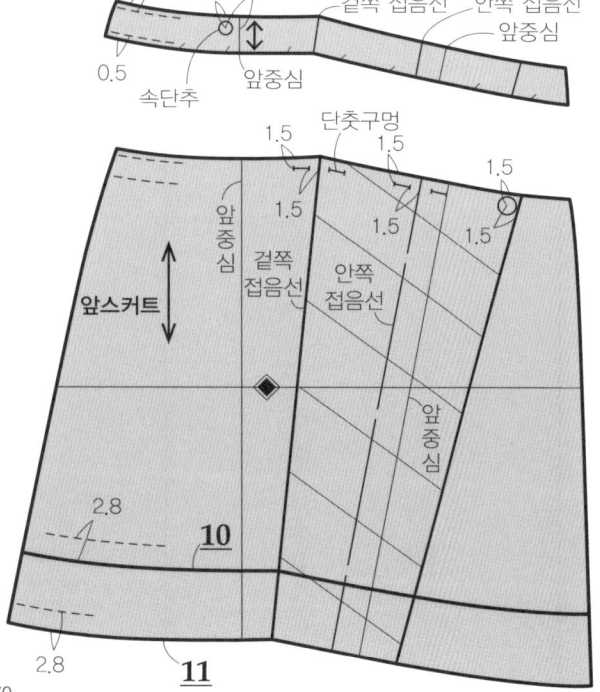

단춧구멍

1.5   1.5

1.5   1.5   1.5

앞중심

겉쪽 접음선   안쪽 접음선

앞스커트 ↕

앞중심

◆

2.8 **10**

2.8 **11**

※ 지정 이외의 시접은 1cm

※▨ = 접착심(소잉심지)을 붙인다

※vvv = 지그재그봉제 또는 오버록 처리한다

70

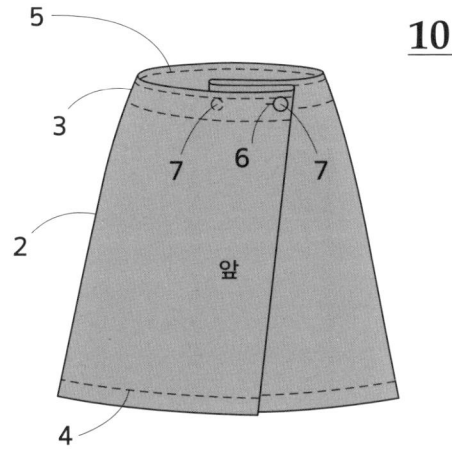

<u>**10**</u>

5
3
7 6 7
2
앞
4

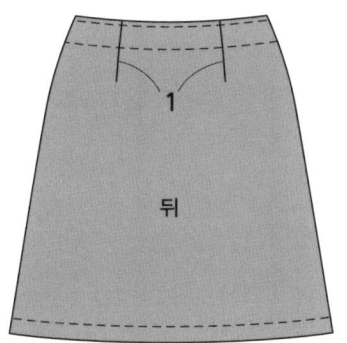

1
뒤

<u>**11**</u>

앞

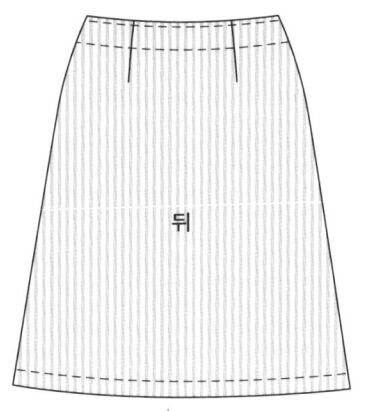

뒤

1 스커트의 다트를 봉합한다(P.40 참고)

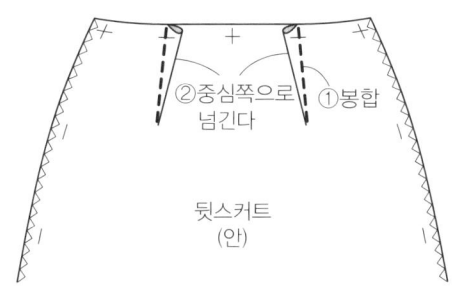

②중심쪽으로 넘긴다 ①봉합
뒷스커트
(안)

2 스커트 옆선을 봉합한다

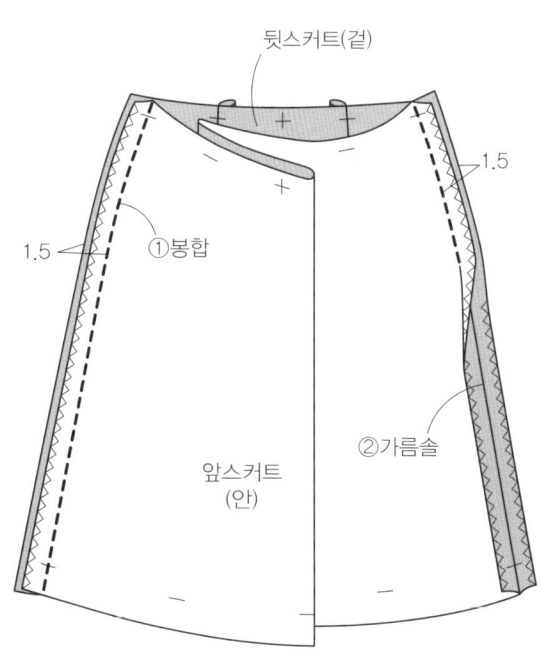

뒷스커트(겉)
1.5
1.5 ①봉합
②가름솔
앞스커트
(안)

3 안단의 옆선을 봉합한다

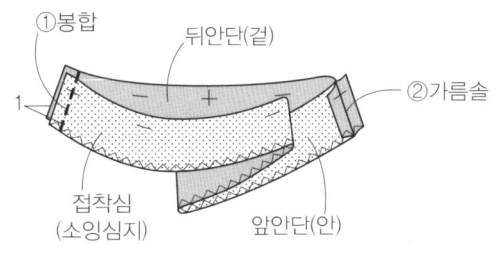

①봉합 뒤안단(겉) ②가름솔
1
접착심
(소잉심지) 앞안단(안)

71

4 스커트의 밑단을 정리한다

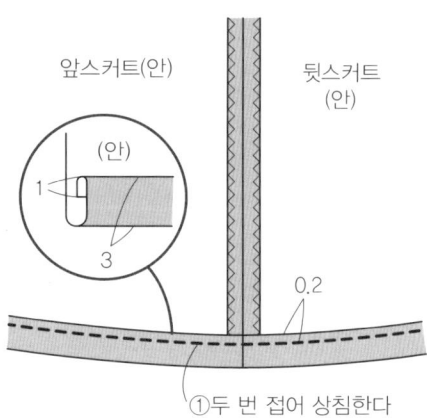

앞스커트(안)
뒷스커트(안)

(안)

1

3

0.2

①두 번 접어 상침한다

5 스커트에 안단을 단다

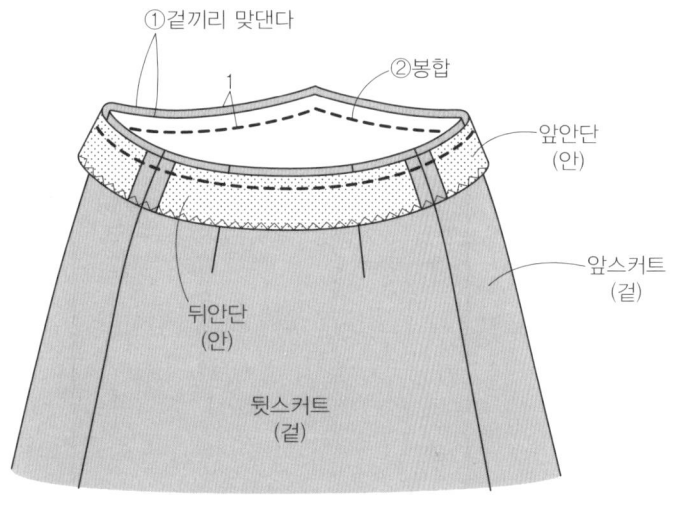

①겉끼리 맞댄다
②봉합
1
앞안단(안)
뒤안단(안)
앞스커트(겉)
뒷스커트(겉)

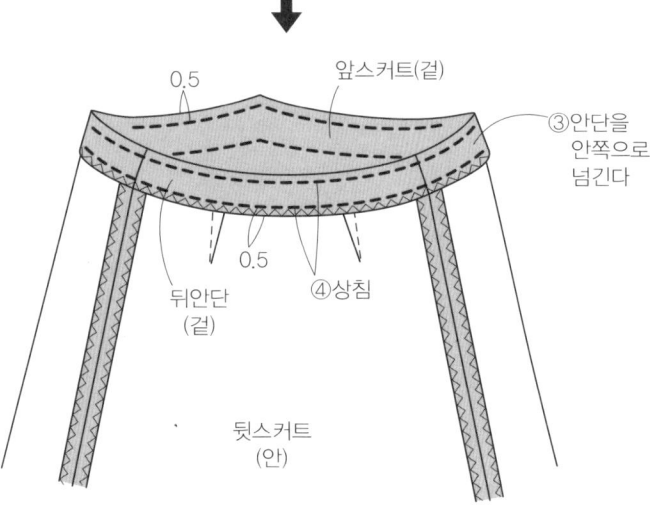

0.5
앞스커트(겉)
③안단을 안쪽으로 넘긴다
0.5
뒤안단(겉)
④상침
뒷스커트(안)

6 스커트의 겉·안쪽 접음선에 맞춰 접고, 단춧구멍을 뚫는다

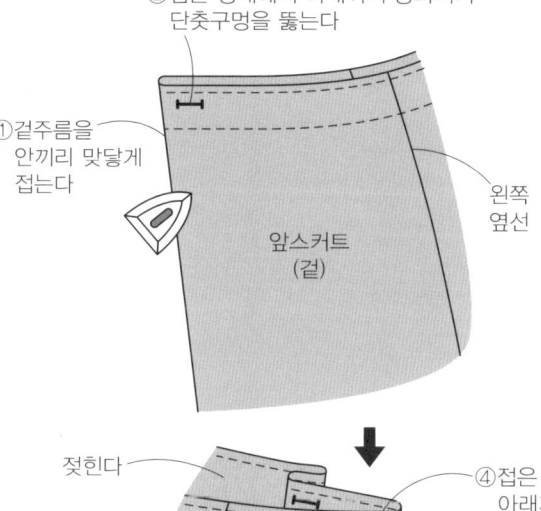

②접은 상태에서 아래까지 통과시켜 단춧구멍을 뚫는다
①겉주름을 안끼리 맞닿게 접는다
앞스커트(겉)
왼쪽 옆선

젖힌다
④접은 상태에서 아래까지 통과시켜 단춧구멍을 뚫는다
앞안단(겉)
③안주름을 겉끼리 맞닿게 접는다
앞스커트(안)

7 스커트에 단추, 속단추를 단다

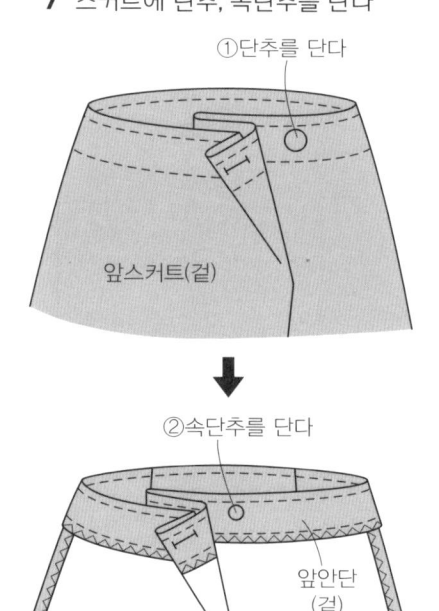

①단추를 단다
앞스커트(겉)

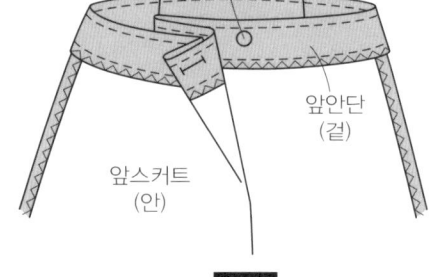

②속단추를 단다
앞안단(겉)
앞스커트(안)

완성

20 (p.26)   # 21 (p.27)

(p.26)   (p.27)

재료
20 겉감(울) ······ 148cm폭 x 170cm(S) / **180cm(M)** / 190cm(L) / **200cm(LL)**
21 겉감(면 트윌) ······ 110cm폭 x 210cm(S) / **220cm(M)** / 230cm(L) / **240cm(LL)**
접착심(소잉심지) ······ 10cm폭 x 40cm
고무줄 ······ 3cm폭 x 35cm(S) / **40cm(M)** / 40cm(L) / **45cm(LL)**

패턴에 대해서
◆ 실물크기 패턴 : A면 20번, 21번 패턴을 사용합니다.
◆ 사용 패턴 : 오른쪽 · 왼쪽 앞스커트, 뒷스커트, 허리벨트
* **20**은 오른쪽 · 왼쪽 앞스커트를 맞춤점에 맞춰 1장으로 재단합니다.
* 재단배치도에서 굵은 실선은 완성선, 얇은 실선은 재단선입니다.

완성 사이즈
단위 : cm

사이즈	S	M	L	LL
20 옷길이	58	61	63	64
21 옷길이	71.5	75	77.5	79

사이즈 표시
S 사이즈
M사이즈
L 사이즈
LL사이즈
1개만 작성된 숫자는 공통

재단배치도 선 표시
────── 완성선
──── 재단선
─ ─ ─ ─ 골선

　 = 실물크기 패턴

허리벨트

고무줄을 통과시킨다　　염선　앞중심　염선　　고무줄을 통과시킨다
뒷중심　　　　　　　　　　　　　　　　　　　　　　　　뒷중심
접음선　　　접착심(소잉심지)을 붙인다
1　　　1

※ 고무줄 길이
(시접 2cm 포함)
= 35 / **37** / 39 / **42**

뒷중심 골선
뒷스커트
2.5 **21**
2.5 **20**

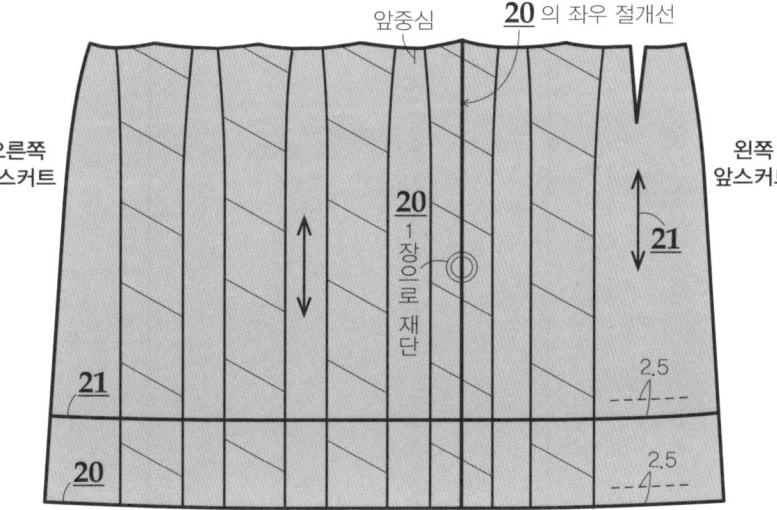

앞중심　　**20** 의 좌우 절개선

오른쪽 앞스커트　　　　　　　　　　　　　　　　　　　왼쪽 앞스커트

20 1장으로 재단

21　　　　　　　　　　　　　　　**21**
20　　　　　　　　　　　　　　　2.5
2.5　　　　　　　　　　　　　　　　**20**

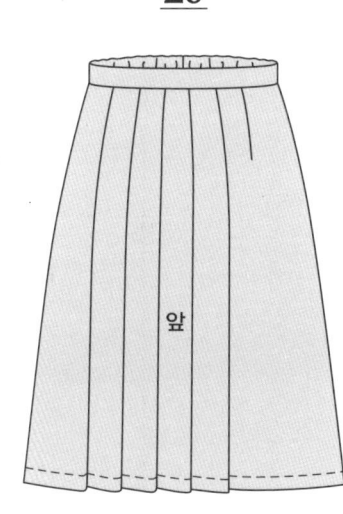

20

앞

만드는 순서
(공통)

21

9
3 · 4
5
1
앞
1
2
9

6 · 7 · 8
뒤

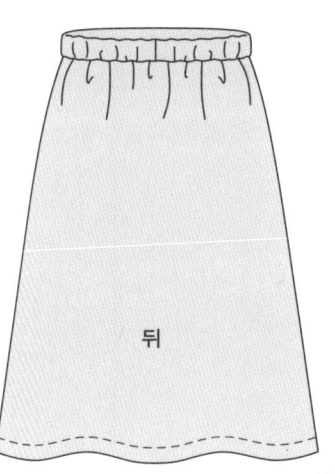

뒤

73

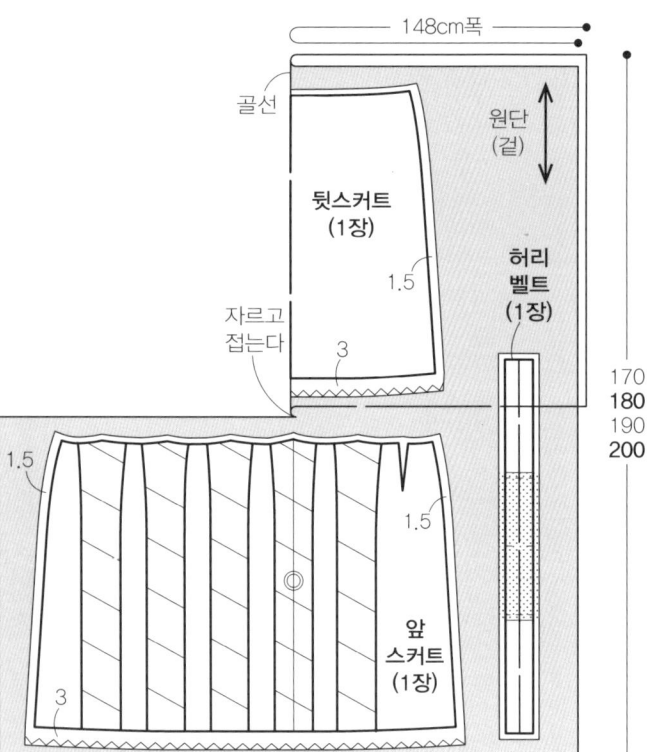

20 겉감 재단배치도

148cm폭

골선

뒷스커트
(1장)

1.5

3

자르고
접는다

허리
벨트
(1장)

원단
(겉)

170
180
190
200

1.5

1.5

앞
스커트
(1장)

3

※ 지정 이외의 시접은 1cm
※ ▦ = 접착심(소잉심지)을 붙인다
※〰 = 지그재그봉제 또는 오버록 처리한다

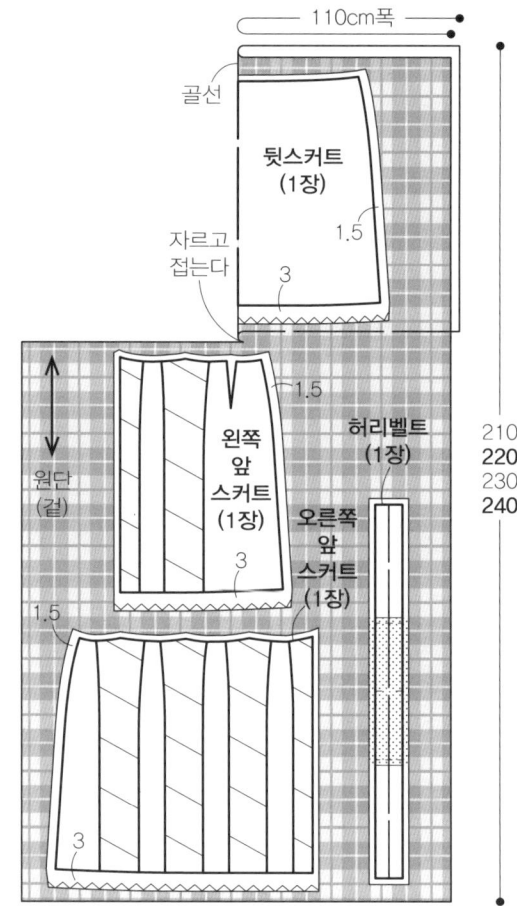

21 겉감 재단배치도

110cm폭

골선

뒷스커트
(1장)

1.5

3

자르고
접는다

원단
(겉)

1.5

왼쪽
앞
스커트
(1장)

3

오른쪽
앞
스커트
(1장)

허리벨트
(1장)

210
220
230
240

1.5

3

※ 지정 이외의 시접은 1cm
※ ▦ = 접착심(소잉심지)을 붙인다
※〰 = 지그재그봉제 또는 오버록 처리한다

만드는 방법 (공통)

1 스커트의 다트를 봉합하고(P.40 참고)
밑단을 정리한다

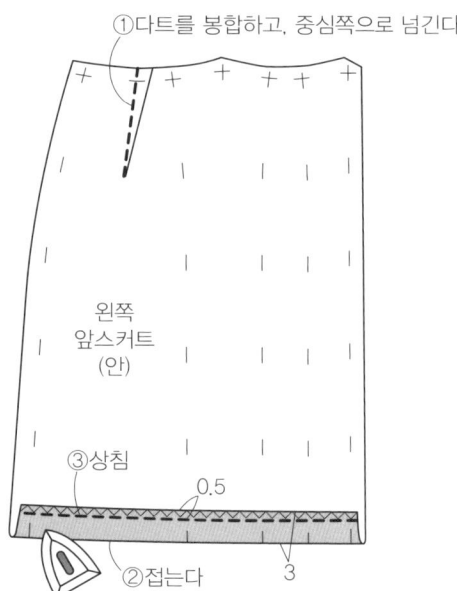

①다트를 봉합하고, 중심쪽으로 넘긴다

왼쪽
앞스커트
(안)

③상침

0.5

②접는다

3

※오른쪽 앞스커트와 뒷스커트도 ①~③과정과
같은 방법으로 만든다

2 오른쪽·왼쪽 앞스커트를 연결한다(**21**만 제작)

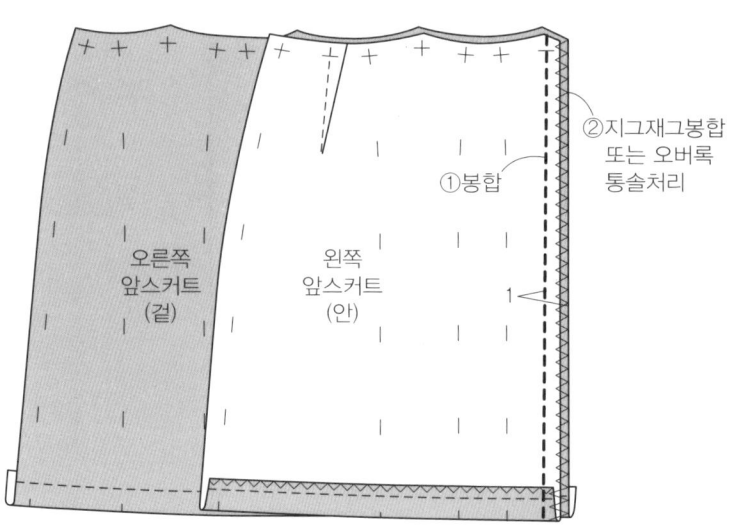

오른쪽
앞스커트
(겉)

왼쪽
앞스커트
(안)

①봉합

②지그재그봉합
또는 오버록
통솔처리

1

74

3 스커트의 턱을 미리 잡는다

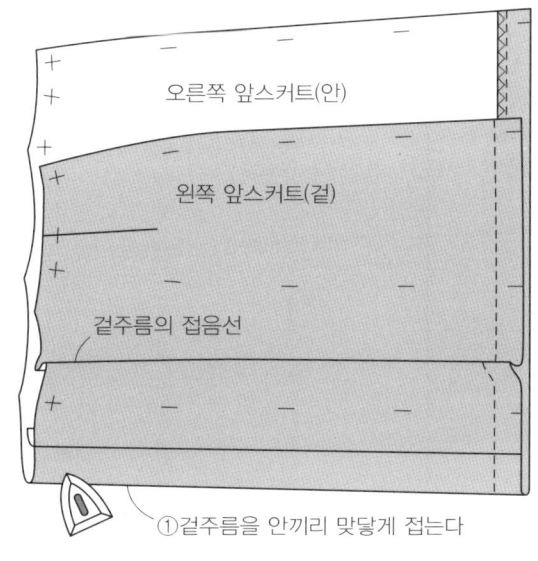

오른쪽 앞스커트(안)

왼쪽 앞스커트(겉)

겉주름의 접음선

①겉주름을 안끼리 맞닿게 접는다

5 스커트의 옆선을 봉합한다

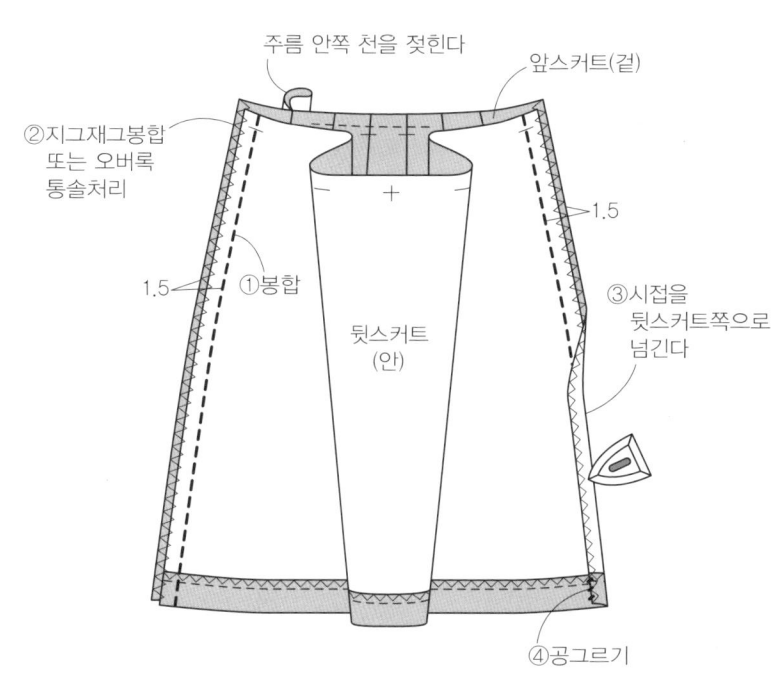

주름 안쪽 천을 젖힌다

앞스커트(겉)

②지그재그봉합
또는 오버록
통솔처리

1.5

①봉합

뒷스커트
(안)

1.5

③시접을
뒷스커트쪽으로
넘긴다

④공그르기

4 스커트의 턱을 잡아 시침실로 임시고정 봉합한다

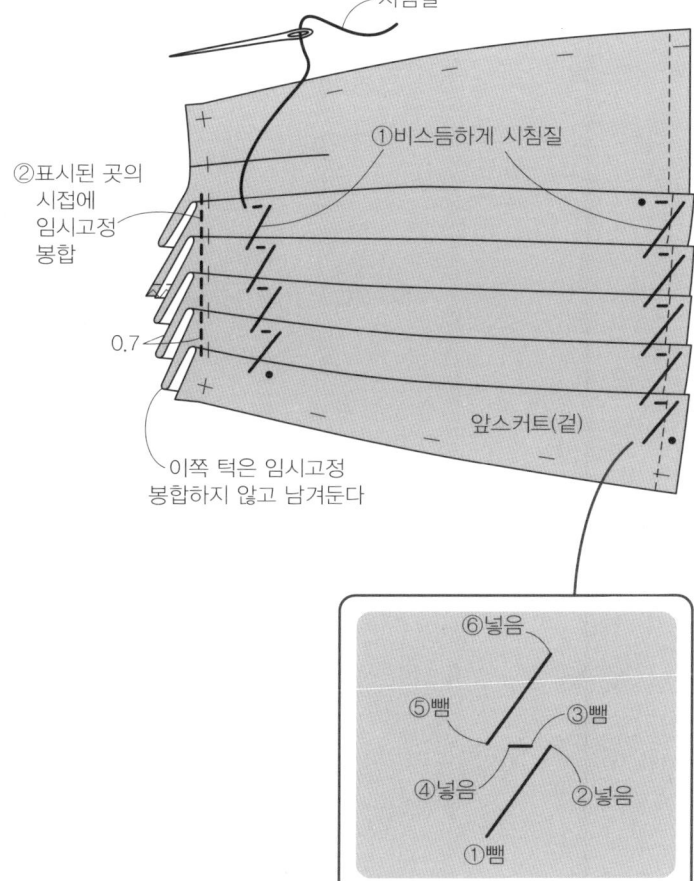

시침실

①비스듬하게 시침질

②표시된 곳의
시접에
임시고정
봉합

0.7

앞스커트(겉)

이쪽 턱은 임시고정
봉합하지 않고 남겨둔다

⑥넣음

⑤뺌   ③뺌

④넣음   ②넣음

①뺌

◆**6~8** 만드는 방법은 P.38~39 참고

6 허리벨트를 만든다

7 스커트에 허리벨트를 단다

8 허리벨트에 고무줄을 통과시킨다

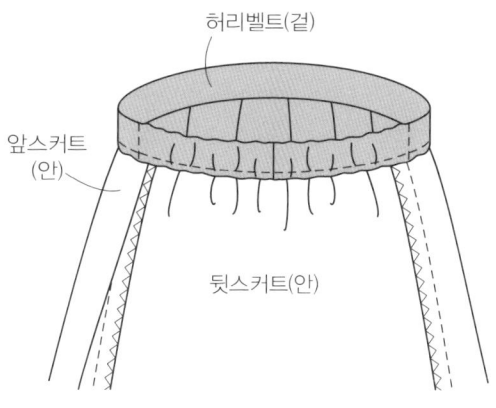

허리벨트(겉)

앞스커트
(안)

뒷스커트(안)

9 시침실을 제거한다   `완성`

17 (p.22)   18 (p.24)

17 재료 겉감(디보트 리넨) ······ 140cm폭 x 270cm(S) / **280cm(M)** / 290cm(L) / **300cm(LL)**

접착심(소잉심지) ······ 10cm폭 x 40cm(S) / **40cm(M)** / 40cm(L) / **50cm(LL)**

고무줄 ······ 3cm폭 x 35cm(S) / **40cm(M)** / 40cm(L) / **40cm(LL)**

속단추 ······ 1.3cm폭 4개

18 재료 겉감(코튼 리넨) ······ 110cm폭 x 210cm(S) / **220cm(M)** / 230cm(L) / **240cm(LL)**

접착심(소잉심지) ······ 50cm폭 x 10cm

고무줄 ······ 3cm폭 x 30cm(S) / **35cm(M)** / 35cm(L) / **40cm(LL)**

패턴에 대해서 ◆실물크기 패턴 : B면 17번 패턴을 사용합니다.

◆사용 패턴 : 어깨끈(**17** 만), 주머니

* 앞·뒤스커트, 허리벨트는 기재된 치수로 직접 제도하여 사용합니다.

* 재단배치도에서 굵은 실선은 완성선, 얇은 실선은 재단선입니다.

완성 사이즈

단위 : cm

사이즈	S	M	L	LL
17 옷길이	74.5	78	81	83
18 옷길이	74.5	78	81	83

※**17** 고무줄 길이(시접 2cm 포함)
= 35 / **36** / 38 / **40**

※**18** 고무줄 길이(시접 2cm 포함)
= 29 / **32** / 34 / **38**

사이즈 표시	재단배치도 선 표시
S 사이즈	——— 완성선
M사이즈	—— 재단선
L 사이즈	- - - 골선
LL사이즈	
1개만 작성된 숫자는 공통	

▨ = 실물크기 패턴

17·18 허리벨트

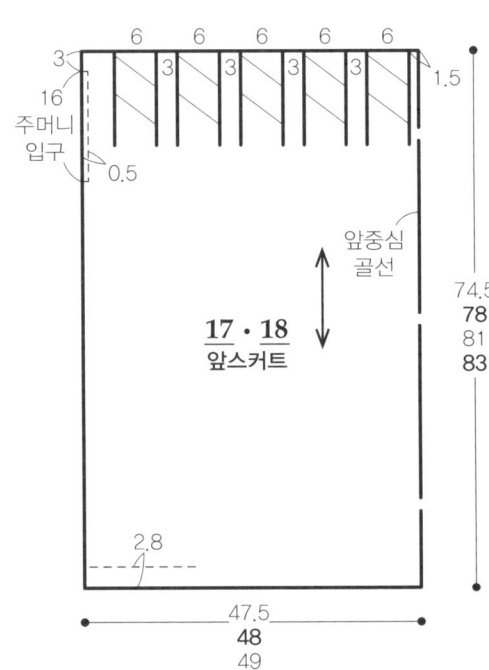

뒷중심   고무줄을 통과시킨다   옆선 17.5 18 19 20 앞중심 17.5 18 19 20 옆선   고무줄을 통과시킨다   뒷중심

7

접음선   1   접착심(소잉심지)을 붙인다   1   **17**   **18**

49 / 50 / 52 / 54   49 / 50 / 52 / 54

17 어깨끈

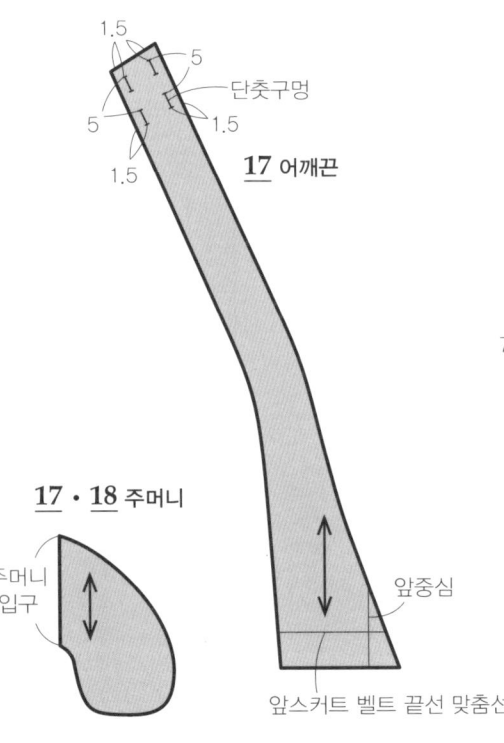

1.5 5 단춧구멍 5 1.5 1.5

17 어깨끈

앞중심

앞스커트 벨트 끝선 맞춤선

17·18 주머니

주머니 입구

17·18 주머니

5   5   5
5.5   11   11

뒷중심 골선

17·18 뒷스커트

74.5 / 78 / 81 / 83

2.8

46.5 / 47 / 48 / 49

6 6 6 6 6
3   3 3 3 3   1.5
16 주머니 입구 0.5

앞중심 골선

17·18 앞스커트

74.5 / 78 / 81 / 83

2.8

47.5 / 48 / 49 / 50

17 겉감 재단배치도

140cm폭

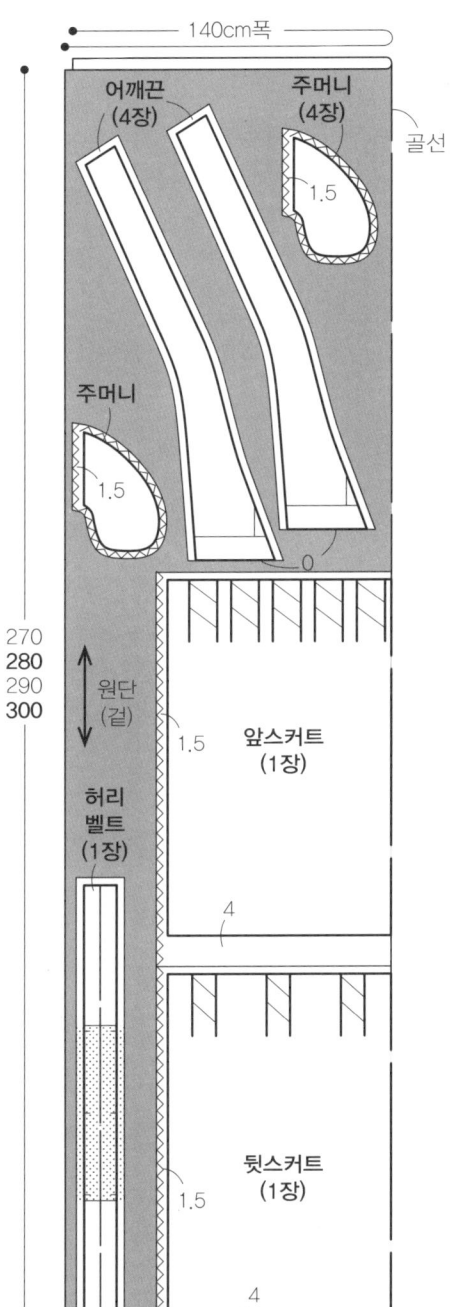

어깨끈
(4장)

주머니
(4장)

골선

1.5

주머니

1.5

0

원단
(겉)

270
280
290
300

1.5

앞스커트
(1장)

4

허리
벨트
(1장)

1.5

뒷스커트
(1장)

4

※ 지정 이외의 시접은 1cm
※ ▨ = 접착심(소잉심지)을 붙인다
※ ∨∨∨ = 지그재그봉제 또는 오버록 처리한다

18 겉감 재단배치도

110cm폭

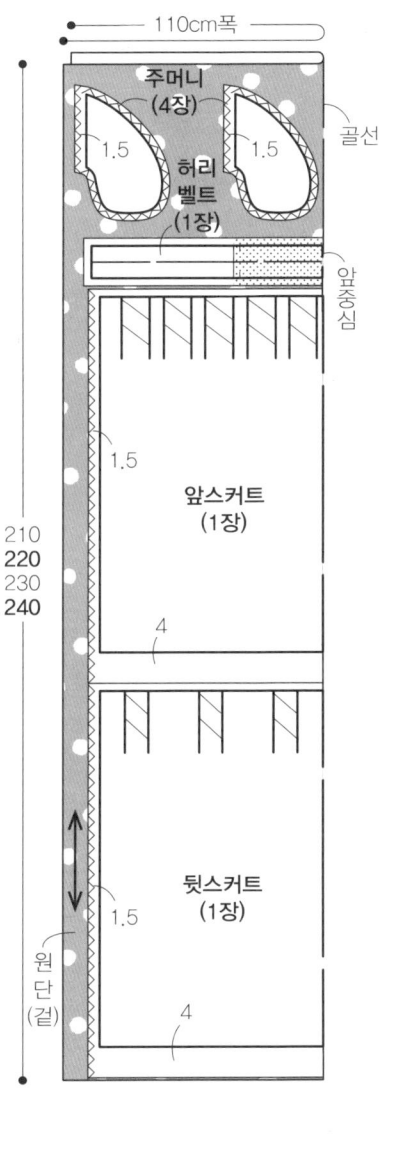

주머니
(4장)

1.5

1.5

골선

허리
벨트
(1장)

앞쪽
중심

1.5

앞스커트
(1장)

4

210
220
230
240

원단
(겉)

1.5

뒷스커트
(1장)

4

만드는 순서 (공통)

17

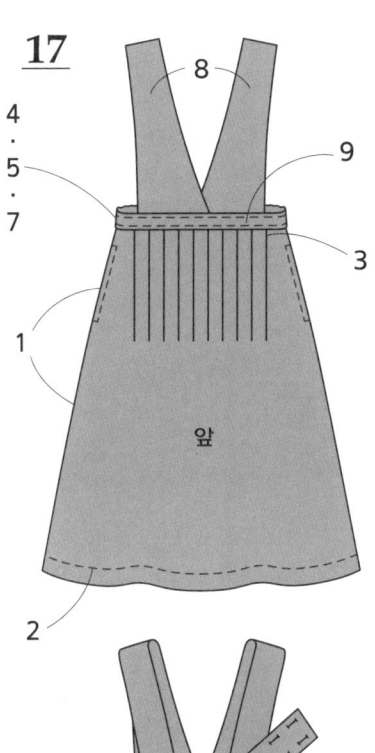

8

9

3

4
·
5
·
7

1

앞

2

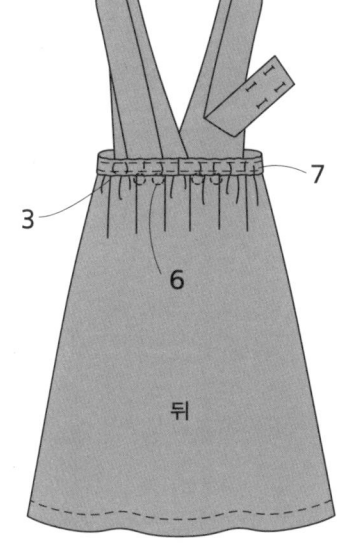

3

7

6

뒤

18

앞

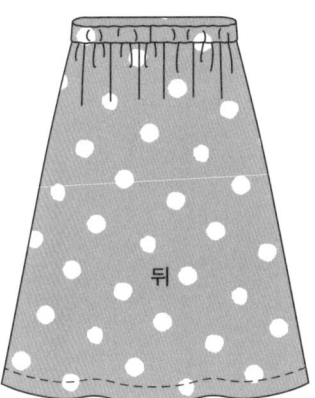

뒤

77

1 스커트에 옆주머니를 단다(P.37 참고)

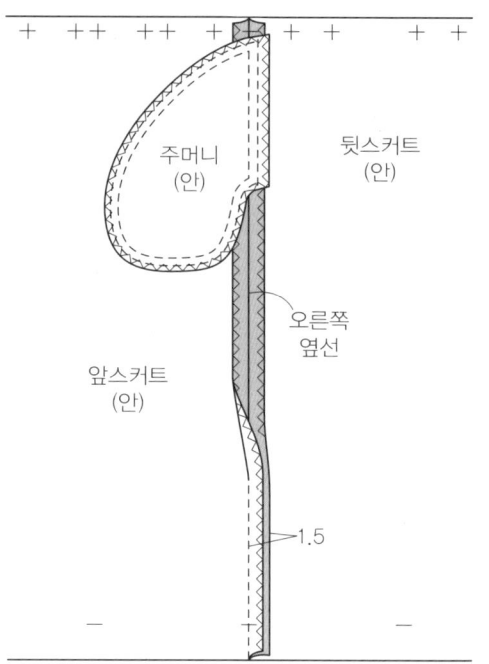

주머니
(안)

뒷스커트
(안)

앞스커트
(안)

오른쪽
옆선

1.5

2 스커트의 밑단을 정리한다

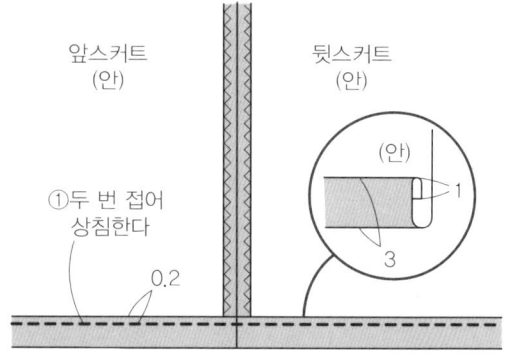

앞스커트
(안)

뒷스커트
(안)

(안)

①두 번 접어
상침한다

0.2

1

3

3 스커트에 턱을 잡아 임시고정 봉합한다

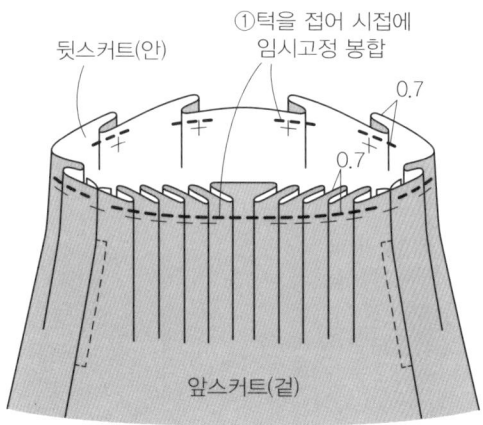

뒷스커트(안)

①턱을 접어 시접에
임시고정 봉합

0.7

0.7

앞스커트(겉)

4 허리벨트를 만든다(P.38 참고)

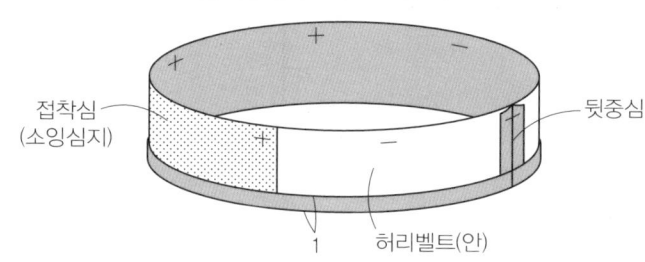

접착심
(소잉심지)

뒷중심

허리벨트(안)

1

5 스커트에 허리벨트를 달고, 뒤허리벨트를 고정한다
(P.38 참고)

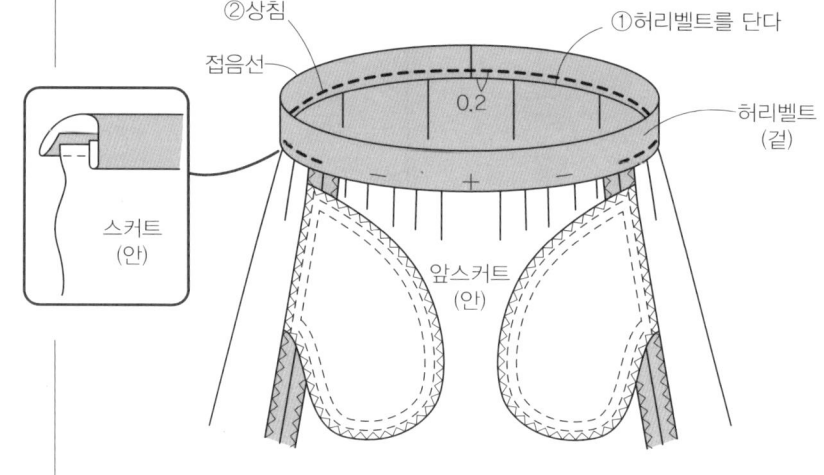

②상침
접음선

①허리벨트를 단다

0.2

허리벨트
(겉)

스커트
(안)

앞스커트
(안)

6 스커트에 속단추를 단다

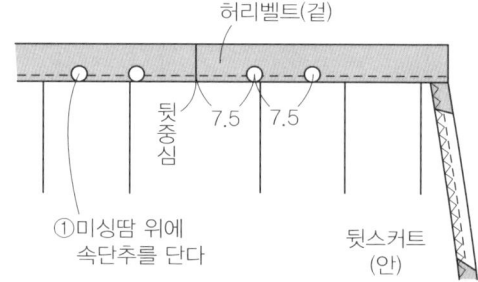

허리벨트(겉)

뒷중심

7.5   7.5

①미싱땀 위에
속단추를 단다

뒷스커트
(안)

7 허리벨트에 고무줄을 통과시키고, 앞허리벨트를
고정한다(P.39 참고)

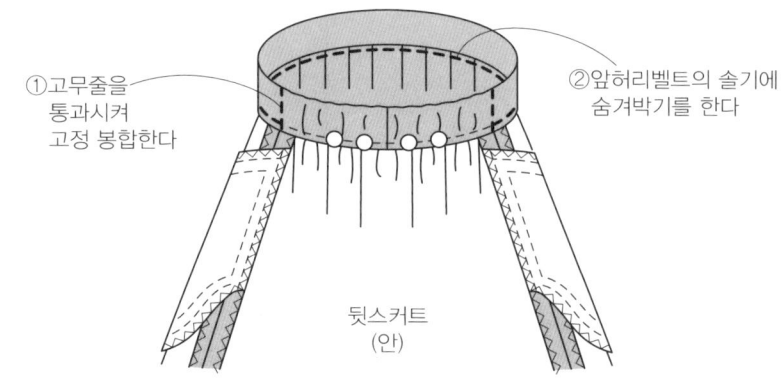

①고무줄을
통과시켜
고정 봉합한다

②앞허리벨트의 솔기에
숨겨박기를 한다

뒷스커트
(안)

8 어깨끈을 만든다(**17** 만)

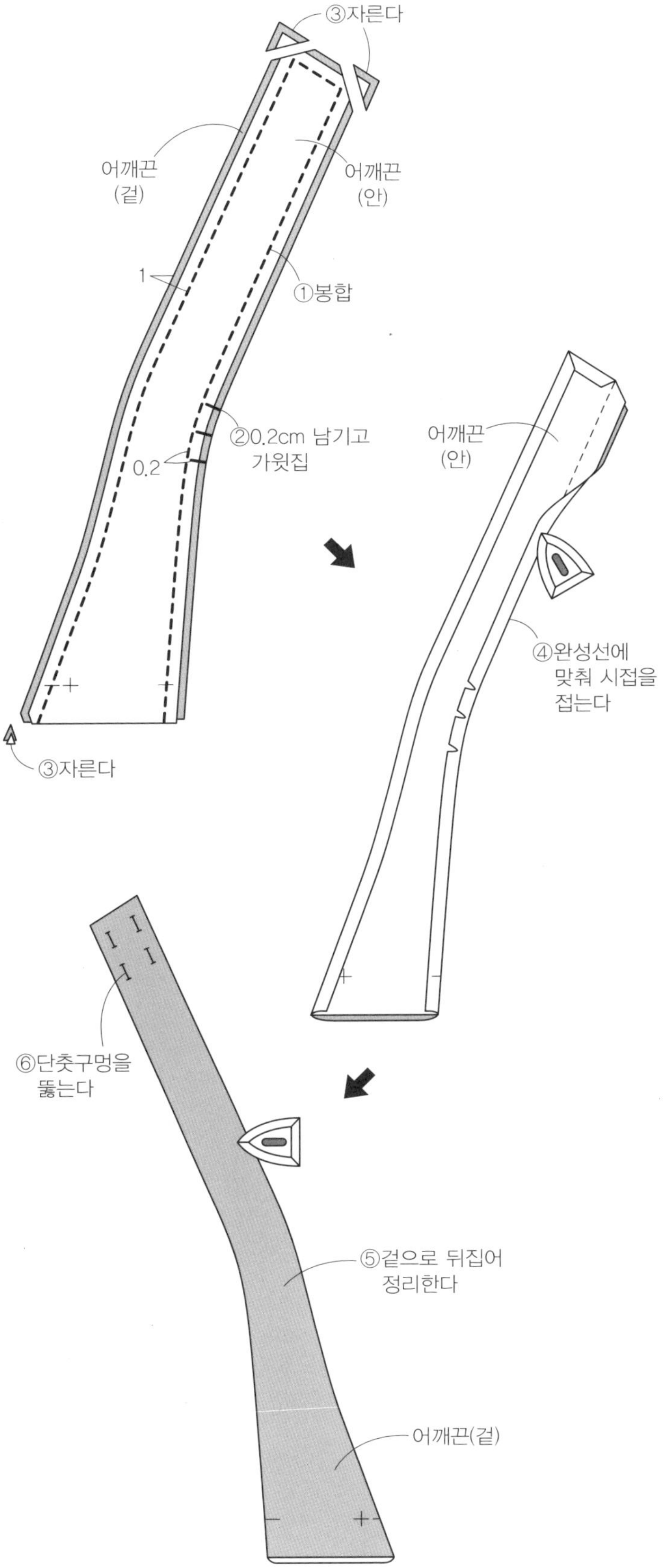

③자른다

어깨끈
(겉)

어깨끈
(안)

①봉합

1

②0.2cm 남기고
가윗집

0.2

③자른다

어깨끈
(안)

④완성선에
맞춰 시접을
접는다

⑥단춧구멍을
뚫는다

⑤겉으로 뒤집어
정리한다

어깨끈(겉)

9 스커트에 어깨끈을 단다(**17** 만)

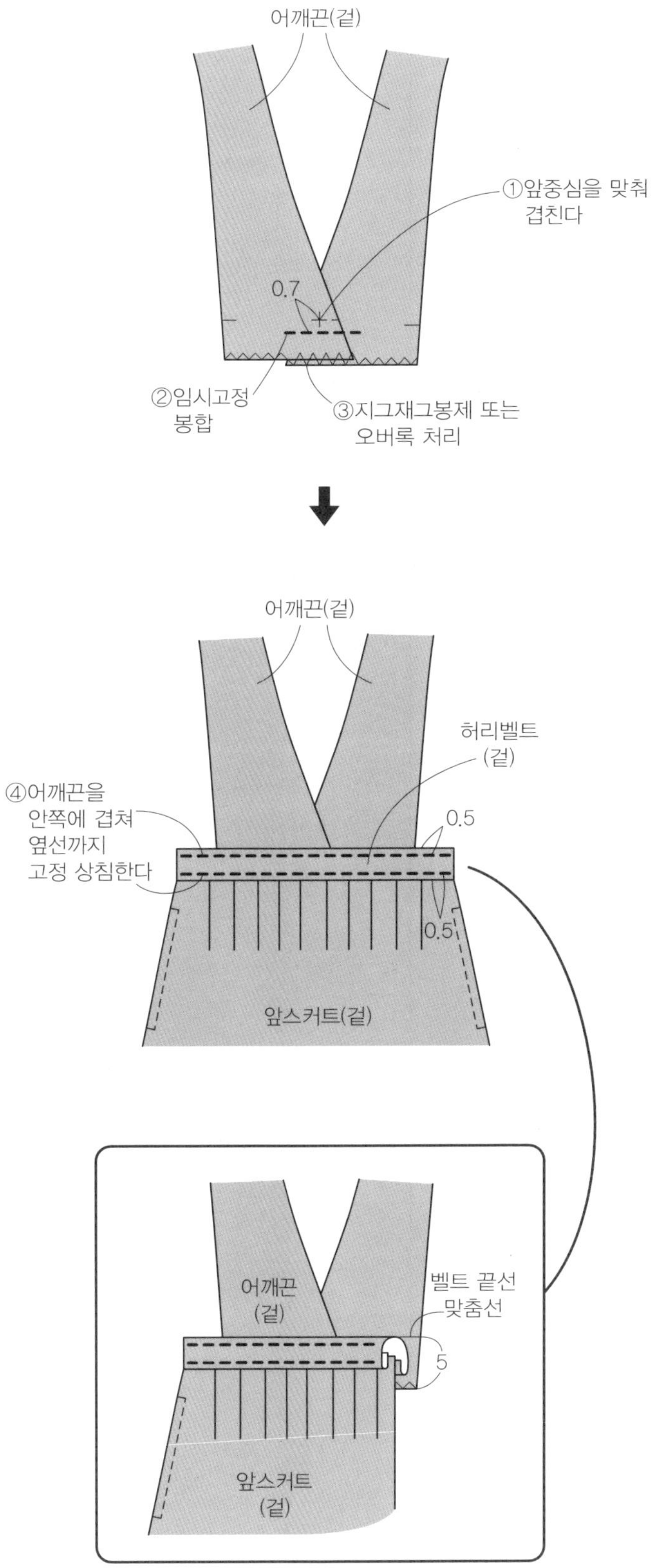

어깨끈(겉)

①앞중심을 맞춰
겹친다

0.7

②임시고정
봉합

③지그재그봉제 또는
오버록 처리

어깨끈(겉)

허리벨트
(겉)

0.5

④어깨끈을
안쪽에 겹쳐
옆선까지
고정 상침한다

0.5

앞스커트(겉)

어깨끈
(겉)

벨트 끝선
맞춤선

5

앞스커트
(겉)

완성

79

16 (p.21)

재료
겉감(데님) ······ 73cm폭 x 280cm(S) / 290cm(M) / 300cm(L) / 310cm(LL)
접착심(소잉심지) ······ 112cm폭 x 80cm(S) / 90cm(M) / 90cm(L) / 90cm(LL)
스냅 단추 ······ 1.3cm폭 1쌍
속단추 ······ 1.3cm폭 1개

사이즈 표시
S 사이즈
M 사이즈
L 사이즈
LL 사이즈
1개만 작성된 숫자는 공통

패턴에 대해서
◆ 실물크기 패턴 : B면 16번 패턴을 사용합니다.
◆ 사용 패턴 : 오른쪽·왼쪽 앞스커트, 뒷스커트, 오른쪽 앞안단A·B, 왼쪽 앞안단A·B, 뒤안단
* 오른쪽·왼쪽 앞안단A, 왼쪽 앞안단B는 패턴을 뒤집어서 배치합니다.
* 재단배치도에서 굵은 실선은 완성선, 얇은 실선은 재단선입니다.

완성 사이즈
단위 : cm

사이즈	S	M	L	LL
옷길이(왼쪽 아래 앞중심)	68.5	72	74.5	76

= 실물크기 패턴

겉감 재단배치도

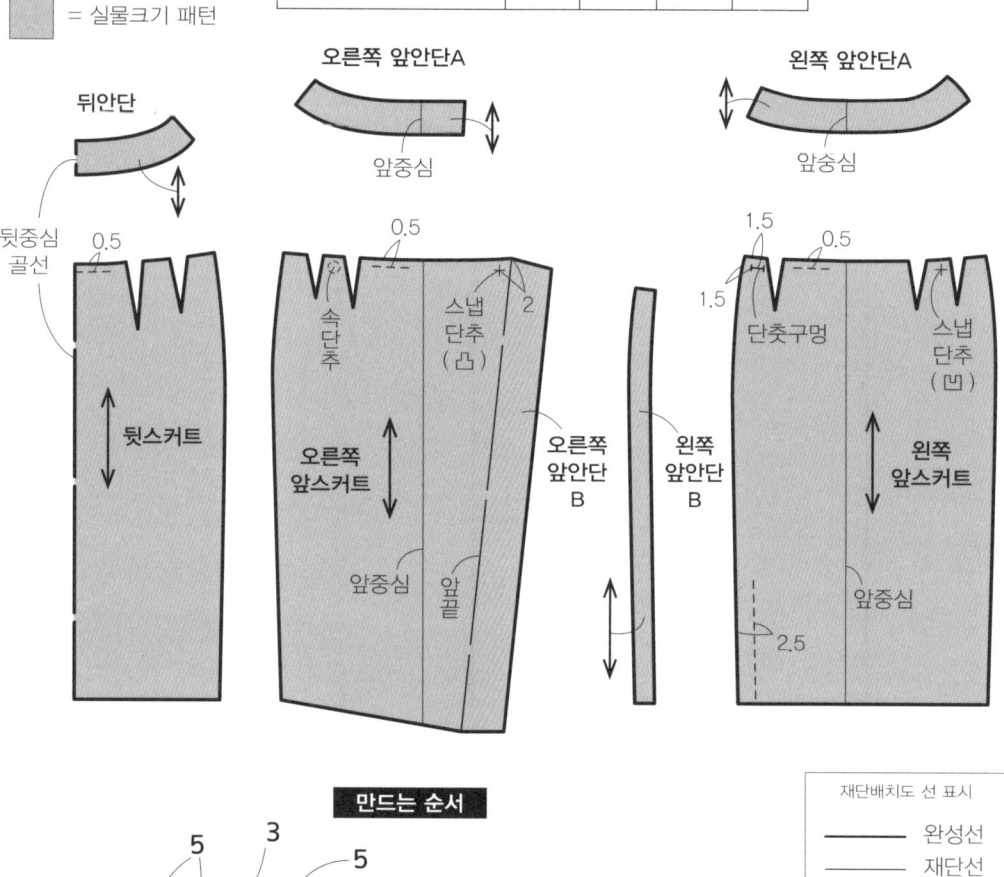

만드는 순서

재단배치도 선 표시	
———	완성선
———	재단선
- - -	골선

※ 지정 이외의 시접은 1cm
※ ▨ = 접착심(소잉심지)을 붙인다
※ ∨∨∨ = 지그재그봉제 또는 오버록 처리한다

만드는 방법

1 스커트의 다트를 봉합한다(P.40 참고)

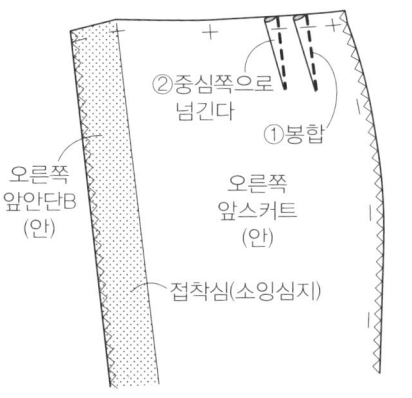

②중심쪽으로 넘긴다
①봉합
오른쪽 앞안단B(안)
오른쪽 앞스커트(안)
접착심(소잉심지)

※왼쪽 앞스커트와 뒷스커트도 ①~②과정과 같은 방법으로 만든다

2 스커트와 안단의 옆선을 봉합한다

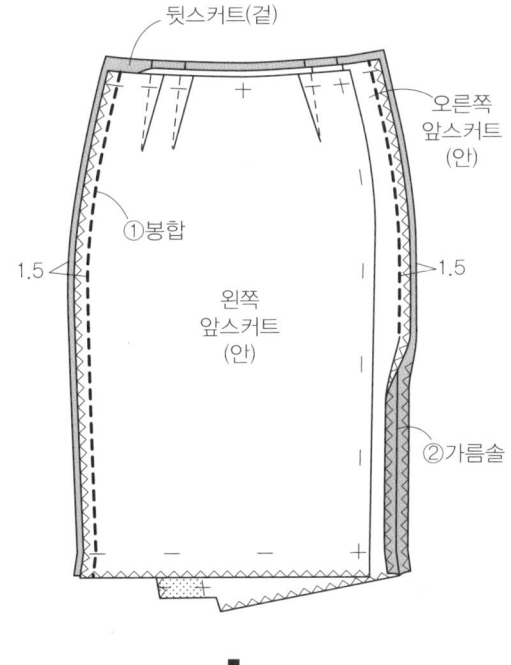

뒷스커트(겉)
오른쪽 앞스커트(안)
①봉합
1.5
1.5
왼쪽 앞스커트(안)
②가름솔

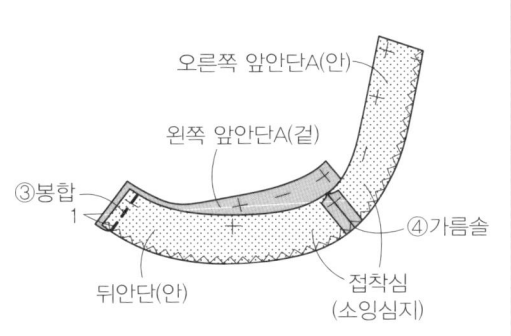

오른쪽 앞안단A(안)
왼쪽 앞안단A(겉)
③봉합
1
뒤안단(안)
④가름솔
접착심(소잉심지)

3 스커트에 안단을 단다

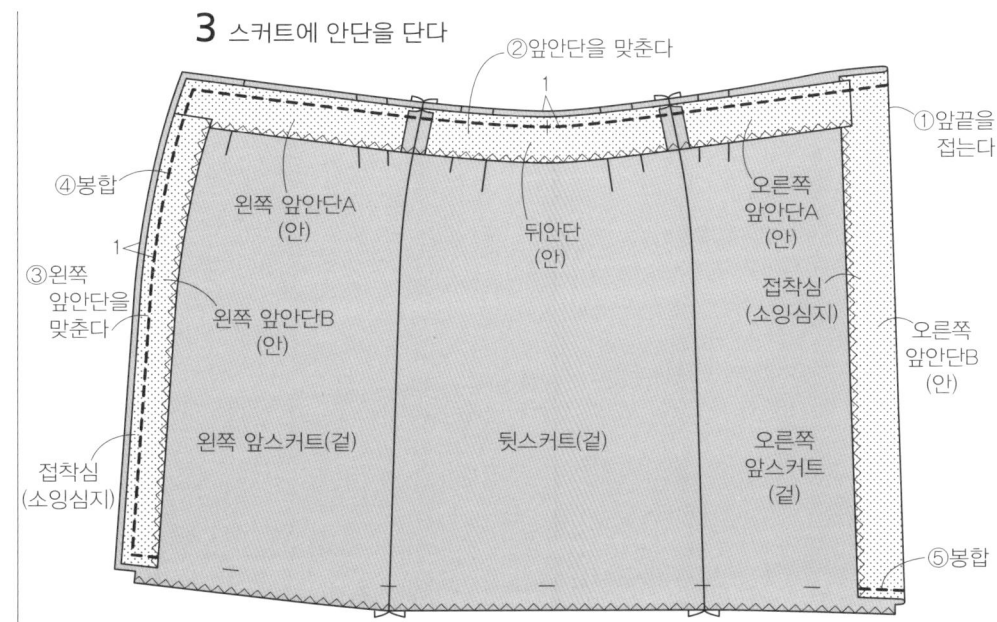

②앞안단을 맞춘다
1
①앞끝을 접는다
④봉합
왼쪽 앞안단A(안)
뒤안단(안)
오른쪽 앞안단A(안)
접착심(소잉심지)
③왼쪽 앞안단을 맞춘다
1
왼쪽 앞안단B(안)
오른쪽 앞안단B(안)
접착심(소잉심지)
왼쪽 앞스커트(겉)
뒷스커트(겉)
오른쪽 앞스커트(겉)
⑤봉합

4 스커트의 안단과 밑단을 정리한다

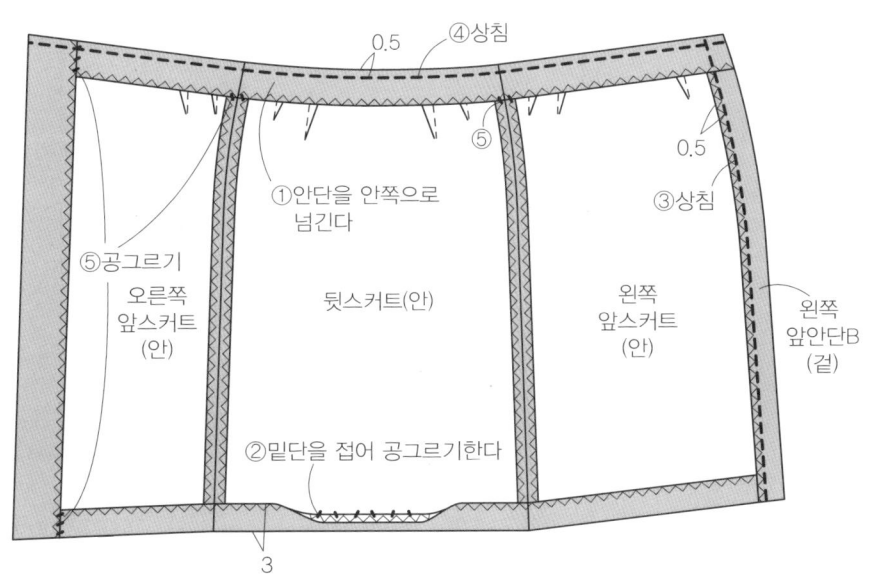

0.5
④상침
⑤
0.5
③상침
⑤공그리기
오른쪽 앞스커트(안)
①안단을 안쪽으로 넘긴다
뒷스커트(안)
왼쪽 앞스커트(안)
왼쪽 앞안단B(겉)
②밑단을 접어 공그리기한다
3

5 스커트에 단춧구멍을 뚫고, 속단추와 스냅 단추를 단다(P.43 참고)

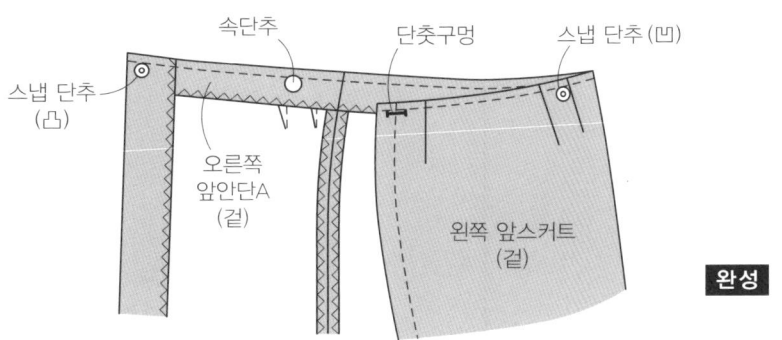

속단추
단춧구멍
스냅 단추 (凹)
스냅 단추 (凸)
오른쪽 앞안단A(겉)
왼쪽 앞스커트(겉)

완성

81

19 (p.25)

재료 겉감(트윌 샴브레이) ······ 116cm폭 × 250cm(S) / **260cm(M)** / 270cm(L) / **280cm(LL)**

고무줄 ······ 3cm폭 × 65cm(S) / **70cm(M)** / 75cm(L) / **80cm(LL)**

사이즈 표시
S 사이즈
M사이즈
L 사이즈
LL사이즈
1개만 작성된 숫자는 공통

패턴에 대해서 ◆실물크기 패턴 : B면 3번 패턴을 사용합니다.

◆사용 패턴 : 앞·뒤스커트

* 허리벨트, 바이어스천은 기재된 치수로 직접 제도하여 사용합니다.

* 재단배치도에서 굵은 실선은 완성선, 얇은 실선은 재단선입니다.

◆패턴 수정하는 방법

* B면 3번 패턴에서 앞·뒤스커트의 폭을 넓게 늘리고 길이를 짧게 수정해 절개선을 추가합니다.

완성 사이즈

단위: cm

사이즈	S	M	L	LL
옷길이	74.5	**78**	80.5	**82**

※고무줄 길이(시접 2cm 포함)
= 64 / **68** / 72 / **78**

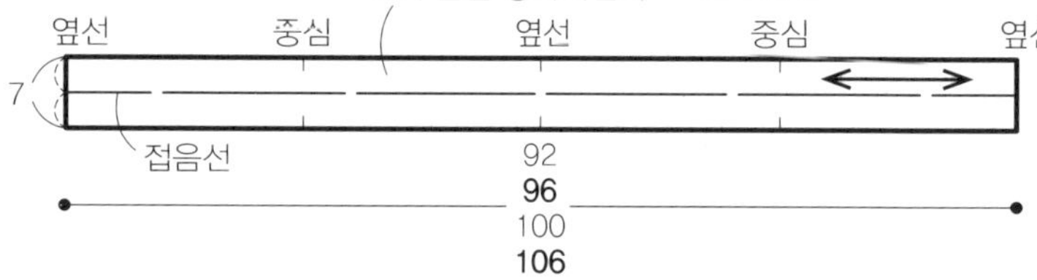

고무줄을 통과시킨다 **허리벨트**

옆선   중심   옆선   중심   옆선

7

접음선   92
96
100
106

새단배치도 선 표시
——— 완성선
—— 재단선
--- 골선

= 실물크기 패턴

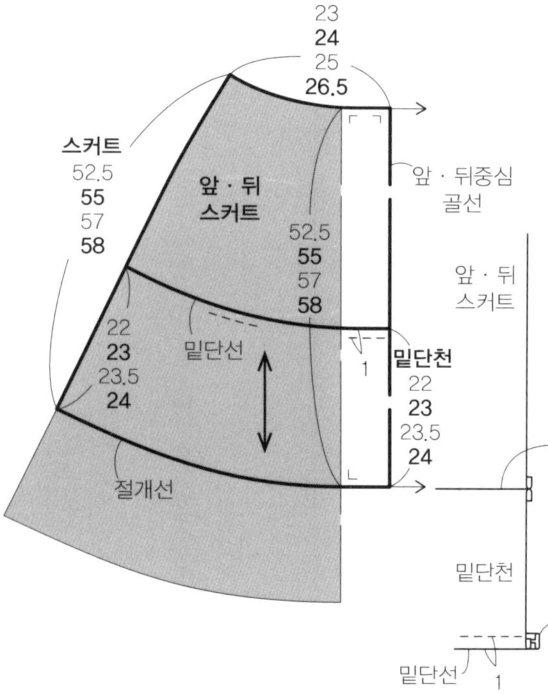

스커트
52.5
55
57
58

23
24
25
26.5

**앞·뒤
스커트**

52.5
55
57
58

앞·뒤중심
골선

앞·뒤
스커트

22
23
23.5
24

밑단선

밑단천
22
23
23.5
24

1

절개선

절개선

밑단천

바이어스천

밑단선   1

ex) S사이즈 기준 준비된 패턴

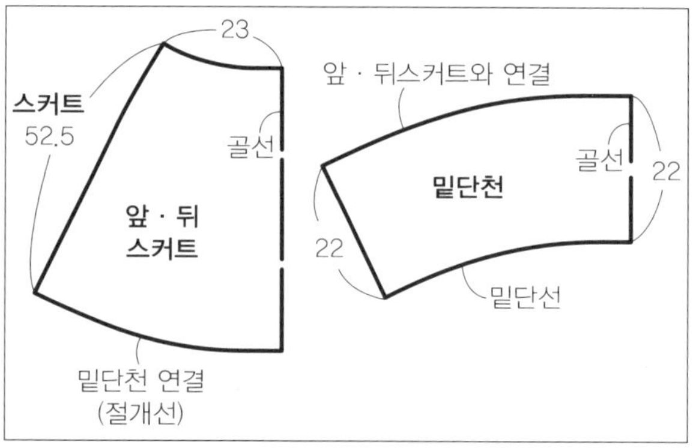

스커트
52.5

23

앞·뒤스커트와 연결

골선

**앞·뒤
스커트**

밑단천

골선   22

22

밑단선

밑단천 연결
(절개선)

바이어스 처리(↙)폭 = 1.2

만드는 순서

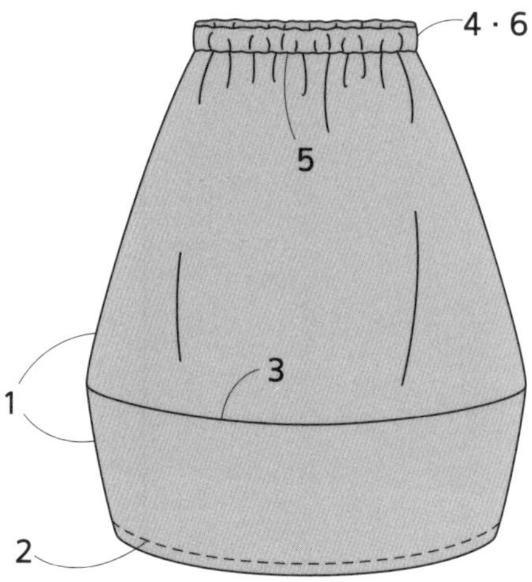

4·6

5

3

1

2

겉감 재단배치도

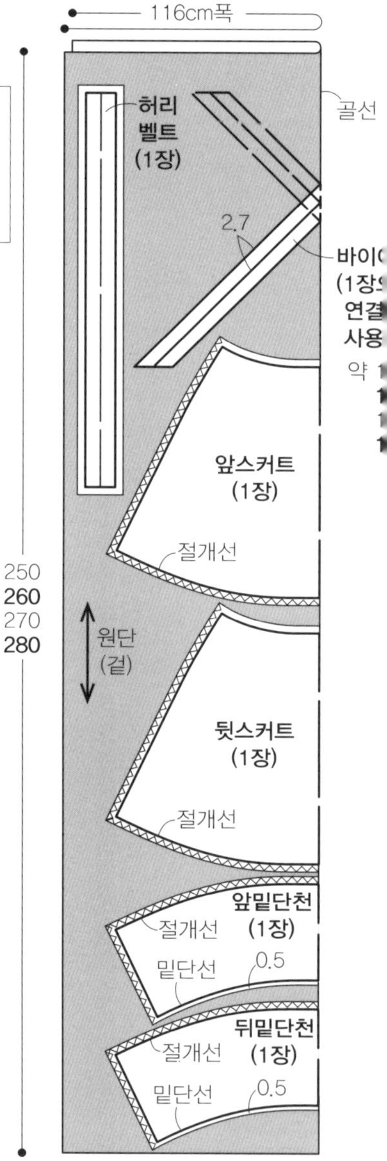

116cm폭

**허리
벨트
(1장)**

골선

2.7

바이어스천
(1장9
연결
사용
약 1
1
1

**앞스커트
(1장)**

절개선

250
260
270
280

원단
(겉)

**뒷스커트
(1장)**

절개선

**앞밑단천
(1장)**

절개선   0.5

밑단선

**뒤밑단천
(1장)**

절개선   0.5

밑단선

※지정 이외의 시접은 1cm
※〰〰 = 지그재그봉제 또는
오버록 처리한다

82

1 스커트와 밑단천의 옆선을 봉합한다

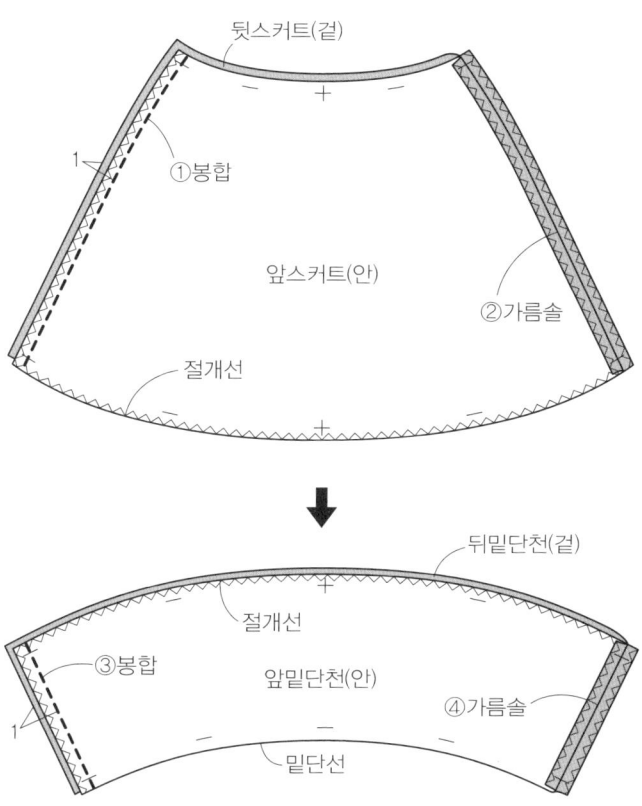

뒷스커트(겉)

1
①봉합

앞스커트(안)

②가름솔

절개선

뒤밑단천(겉)

절개선

③봉합

앞밑단천(안)

④가름솔

1

밑단선

2 스커트의 밑단을 정리한다(바이어스천 만드는 방법은 P.43 참고)

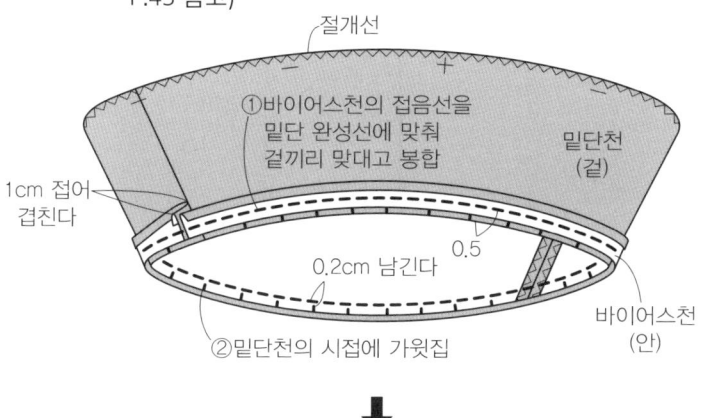

절개선

①바이어스천의 접음선을 밑단 완성선에 맞춰 겉끼리 맞대고 봉합

1cm 접어 겹친다

밑단천(겉)

0.5

0.2cm 남긴다

②밑단천의 시접에 가윗집

바이어스천(안)

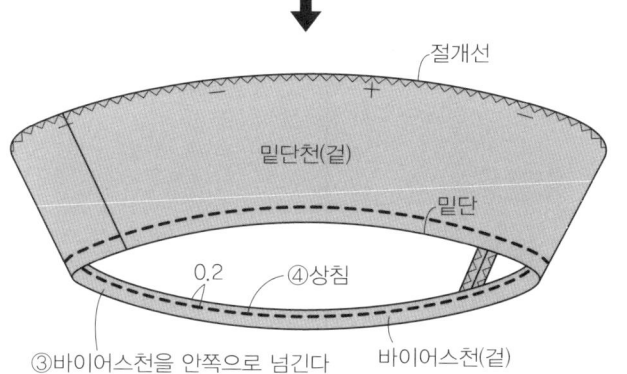

절개선

밑단천(겉)

밑단

0.2

④상침

③바이어스천을 안쪽으로 넘긴다

바이어스천(겉)

3 스커트와 밑단천을 연결한다

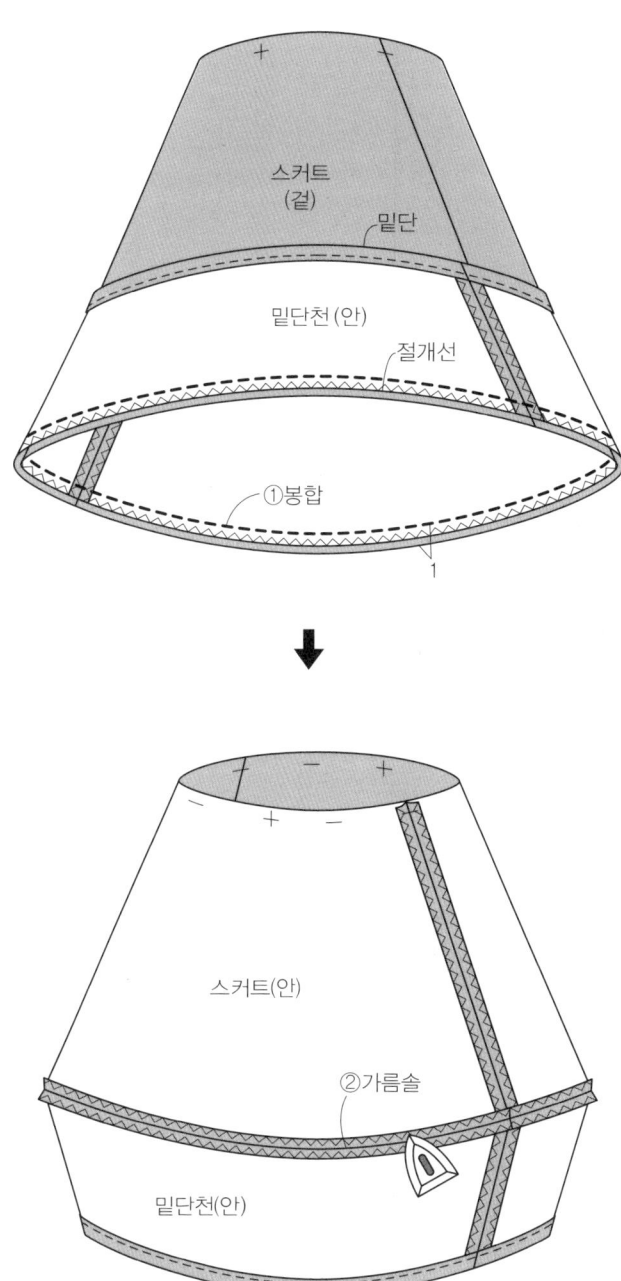

스커트(겉)

밑단

밑단천(안)

절개선

①봉합

1

스커트(안)

②가름솔

밑단천(안)

◆**4~6** 만드는 방법은 P.57 참고

4 허리벨트를 만든다

5 스커트에 허리벨트를 단다

6 허리벨트에 고무줄을 통과시킨다

완성

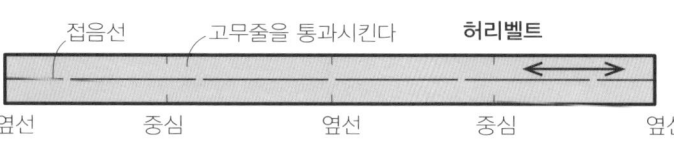

재료	**24** 겉감(면 트윌) ····· 112cm폭 x 220cm(S) / **230cm(M)** / 240cm(L) / 250cm(LL)
	25 겉감(리넨 프린트) ····· 110cm폭 x 240cm(S) / **250cm(M)** / 260cm(L) / 270cm(LL)
	고무줄 ····· 3cm폭 x 65cm(S) / **70cm(M)** / 75cm(L) / 80cm(LL)

패턴에 대해서	◆실물크기 패턴 : B면 24번, 25번 패턴을 사용합니다.
	◆사용 패턴 : 옆선 스커트, 중심 스커트, 허리벨트
	* 재단배치도에서 굵은 실선은 완성선, 얇은 실선은 재단선입니다.

사이즈 표시
S 사이즈
M사이즈
L 사이즈
LL사이즈
1개만 작성된 숫자는 공통

완성 사이즈　　　　　　　　　단위 : cm

사이즈	S	M	L	LL
24 옷길이	61.5	**64.5**	66.5	68
25 옷길이	71	**74.5**	77	78.5

▨ = 실물크기 패턴

허리벨트

접음선　　고무줄을 통과시킨다

옆선　　중심　　옆선　　중심　　옆선

재단배치도 선 표시

———	완성선
───	재단선
---	골선

옆선
스커트

중심
스커트

앞·뒤중심
골선

24

25

24

25

※고무줄 길이(시접 2cm 포함)
= 64 / 68 / 72 / 78

겉감 재단배치도 (공통)

24 112cm폭
25 110cm폭

골선

24
220
230
240
250
·
25
240
250
260
270

옆선
스커트
(4장)

3

중심
스커트
(2장)

3

허리
벨트
(1장)

옆선
스커트

3

원단
(겉)

중심
스커트

3

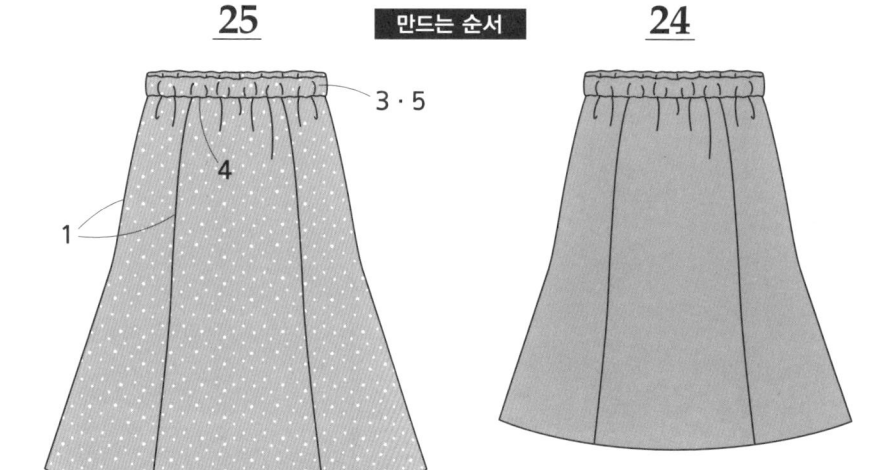

25　　**만드는 순서**　　**24**

3·5

4

1

2

※지정 이외의 시접은 1cm
※〰 = 지그재그봉제 또는 오버록 처리한다

1 스커트의 옆선, 절개선을 봉합한다

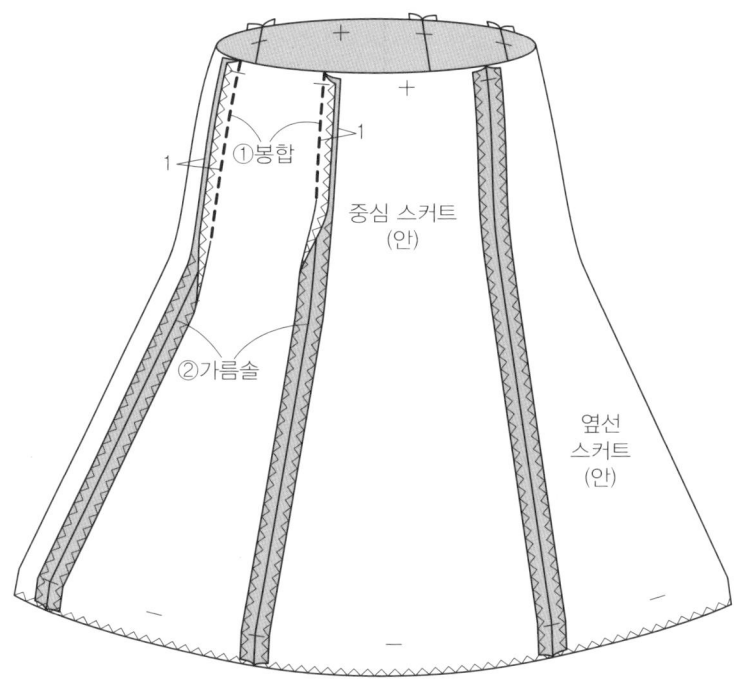

1 ①봉합
1 ②가름솔
중심 스커트 (안)
옆선 스커트 (안)

2 스커트의 밑단을 정리한다(P.49 참고)

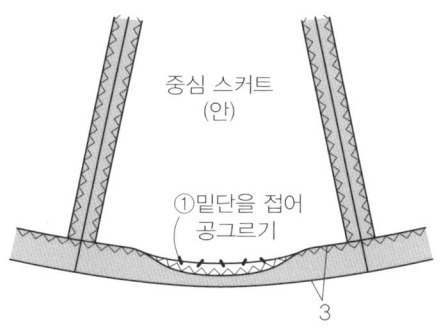

중심 스커트 (안)
①밑단을 접어 공그르기
3

3 허리벨트를 만든다

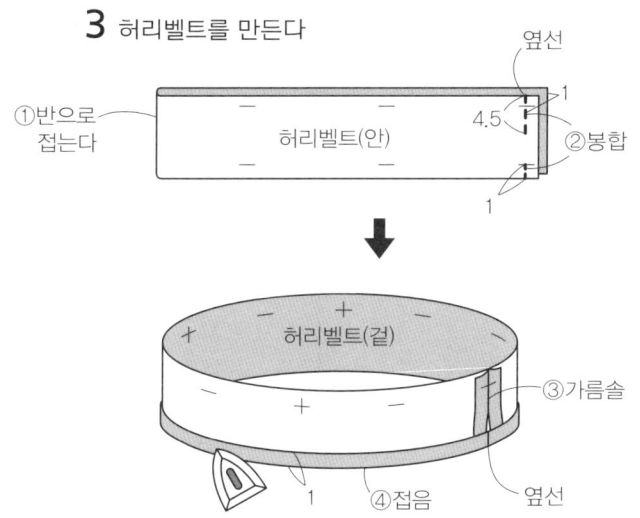

옆선
①반으로 접는다
허리벨트(안)
4.5
1
②봉합
1

허리벨트(겉)
①반으로 접는다
③가름솔
④접음
옆선
1

4 스커트에 허리벨트를 단다

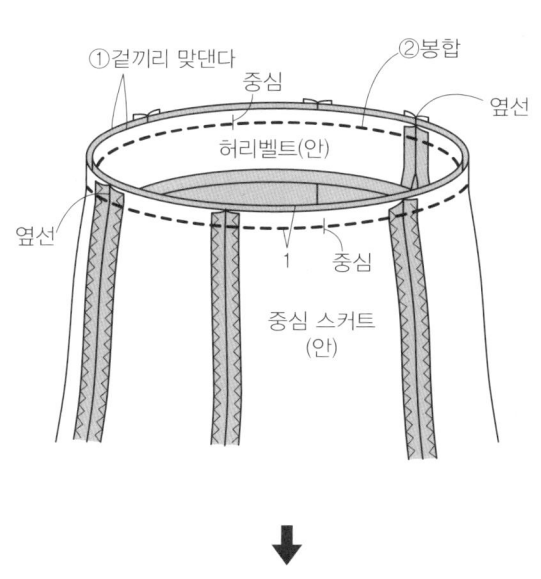

①겉끼리 맞댄다
중심
②봉합
옆선
허리벨트(안)
옆선
1 중심
중심 스커트 (안)

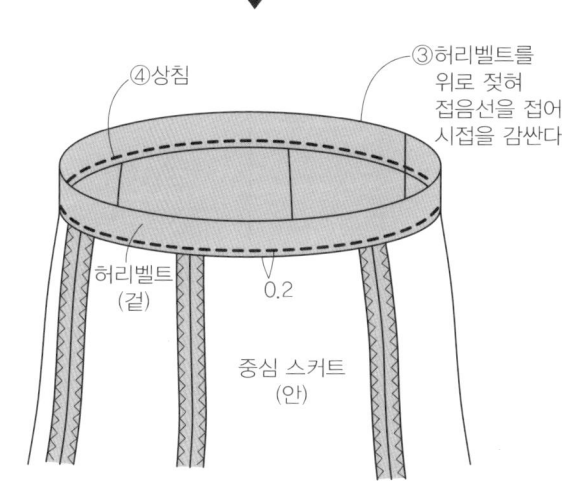

④상침
③허리벨트를 위로 젖혀 접음선을 접어 시접을 감싼다
허리벨트 (겉)
0.2
중심 스커트 (안)

5 허리벨트에 고무줄을 통과시킨다

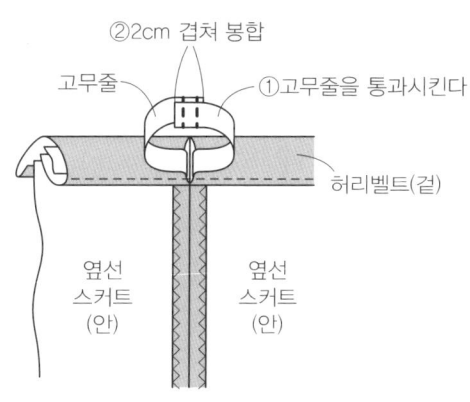

②2cm 겹쳐 봉합
고무줄
①고무줄을 통과시킨다
허리벨트(겉)
옆선 스커트 (안)
옆선 스커트 (안)

완성

22 (p.28) 23 (p.29)

재료
22 겉감(라메 트위드) …… 134cm폭 x 170cm(S) / **180cm(M)** / 190cm(L) / 200cm(LL)
23 겉감(하프 리넨 트윌) …… 110cm폭 x 170cm(S) / **180cm(M)** / 190cm(L) / 200cm(LL)
접착심(소잉심지) …… 10cm폭 x 40cm(S) / **40cm(M)** / 50cm(L) / 50cm(LL)
고무줄 …… 3cm폭 x 35cm(S) / **40cm(M)** / 40cm(L) / 45cm(LL)

패턴에 대해서
◆실물크기 패턴 : A면 22번, 23번 패턴을 사용합니다.
◆사용 패턴 : 앞·뒤스커트, 허리벨트, 주머니(**23**만)
* 재단배치도에서 굵은 실선은 완성선, 얇은 실선은 재단선입니다.

완성 사이즈 (공통)
단위 : cm

사이즈	S	M	L	LL
옷길이	59	**62**	64.5	66

23 주머니

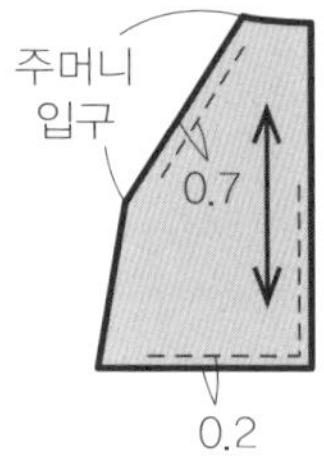

주머니
입구
0.7
0.2

 = 실물크기 패턴

※고무줄 길이(시접 2cm 포함)
= 35 / **37** / 39 / 42

사이즈 표시
S 사이즈
M사이즈
L 사이즈
LL사이즈
1개만 작성된 숫자는 공통

재단배치도 선 표시
———— 완성선
——— 재단선
- - - - 골선

22·23 허리벨트

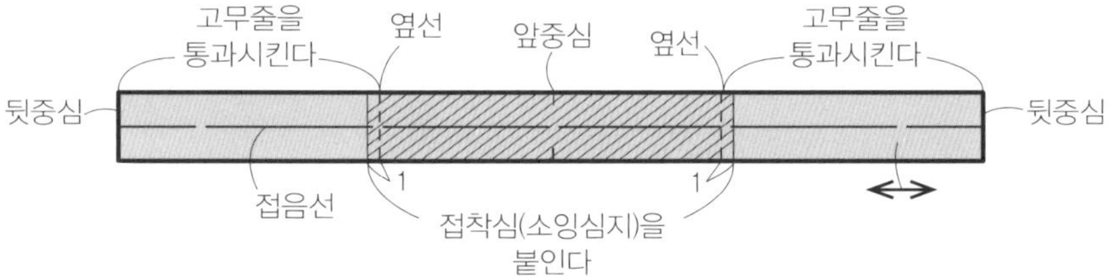

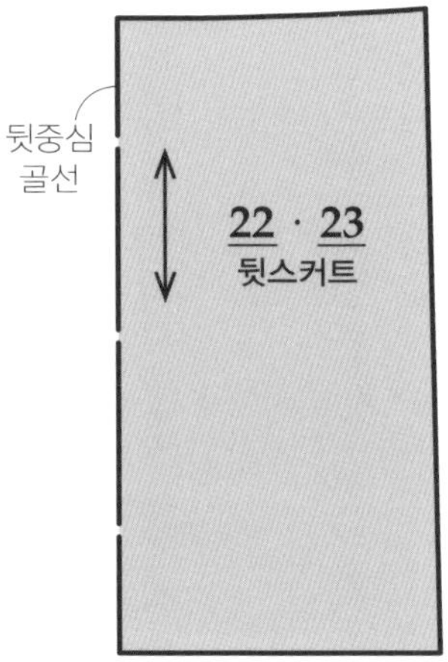

고무줄을
통과시킨다
뒷중심
접음선
엽선
1
앞중심
접착심(소잉심지)을
붙인다
1
엽선
고무줄을
통과시킨다
뒷중심

22·23 뒷스커트

뒷중심
골선
22·23
뒷스커트

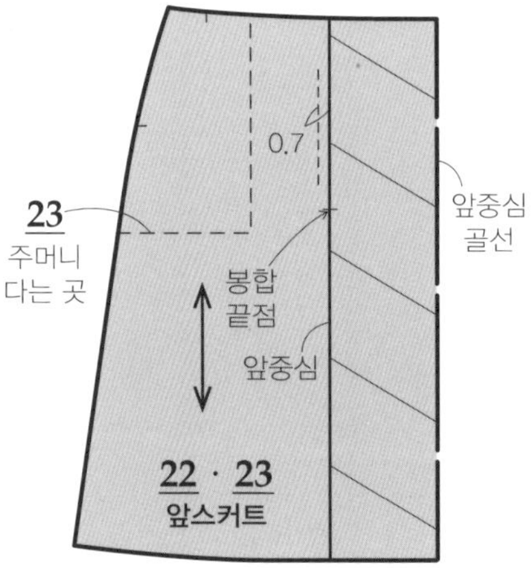

23

주머니
다는 곳
23
0.7
봉합
끝점
앞중심
앞중심
골선
22·23
앞스커트

겉감 재단배치도 (공통)

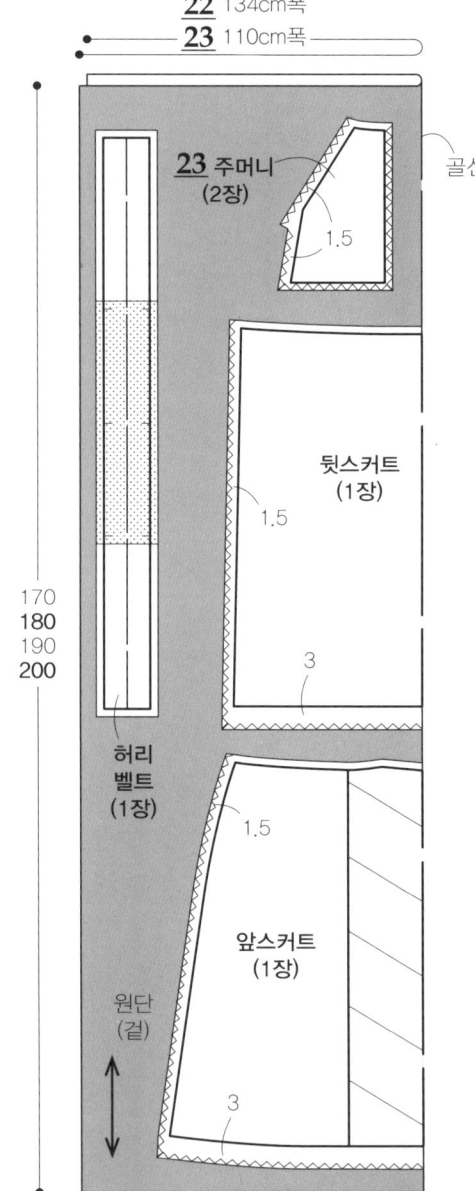

22 134cm폭
23 110cm폭

170
180
190
200

23 주머니
(2장)
1.5
골선

허리
벨트
(1장)

뒷스커트
(1장)
1.5
3

앞스커트
(1장)
1.5
3

원단
(겉)

※지정 이외의 시접은 1cm
※ ▒▒▒ = 접착심(소잉심지)을 붙인다
※ ∨∨∨ = 지그재그봉제 또는 오버록 처리한다

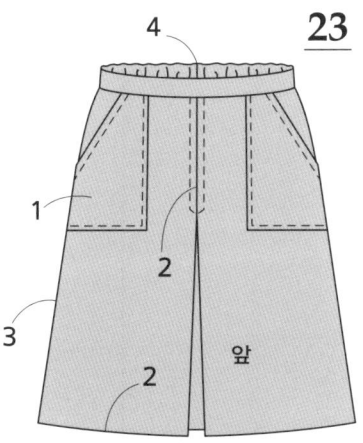

만드는 방법 (공통)

1 주머니를 만들어 스커트에 단다(**23** 만)

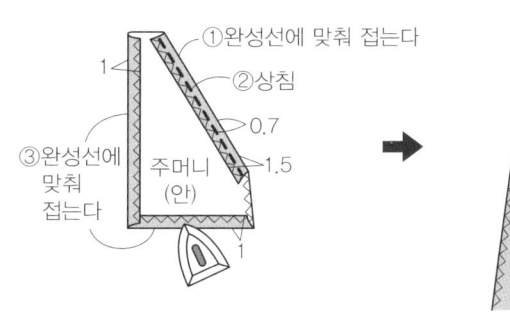

①완성선에 맞춰 접는다
②상침
0.7
1
③완성선에
맞춰
접는다
주머니
(안)
1.5
1

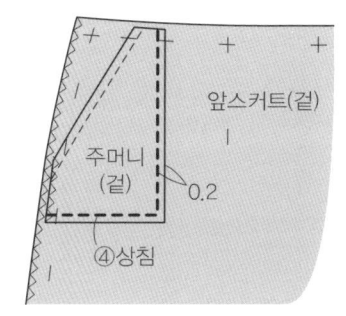

앞스커트(겉)
주머니
(겉)
0.2
④상침

2 스커트의 밑단을 정리하고, 맞주름을 잡는다

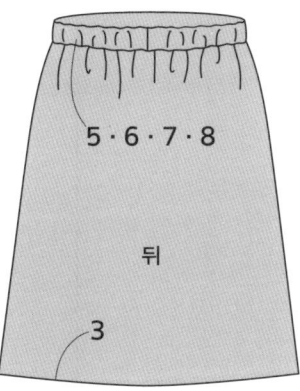

5 · 6 · 7 · 8

뒤

3

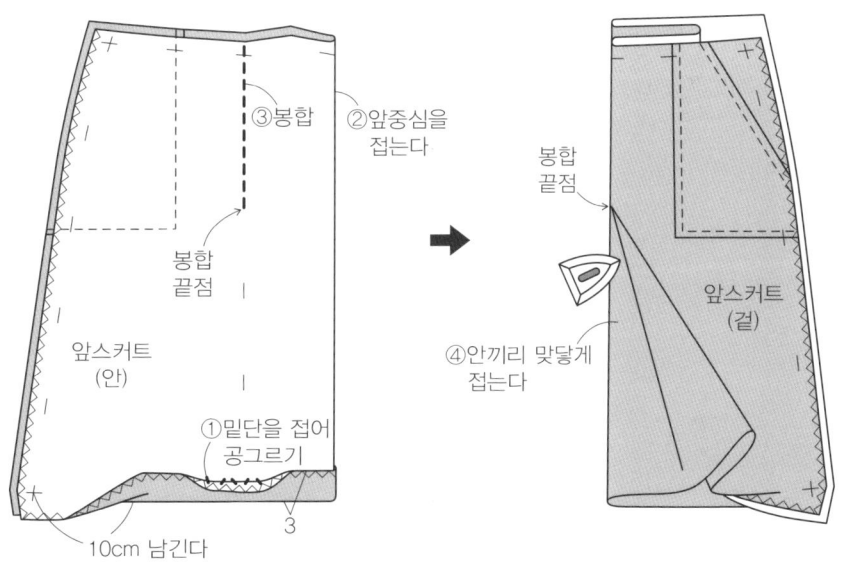

③봉합
②앞중심을
접는다
봉합
끝점
앞스커트
(안)
①밑단을 접어
공그르기
3
10cm 남긴다

봉합
끝점
앞스커트
(겉)
④안끼리 맞닿게
접는다

22

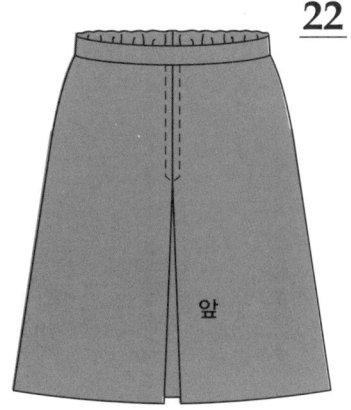

앞

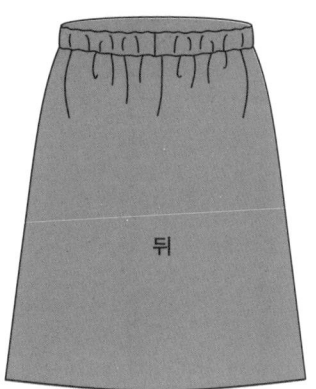

뒤

※반대쪽도 ⑤~⑥과정과
같은 방법으로 만든다

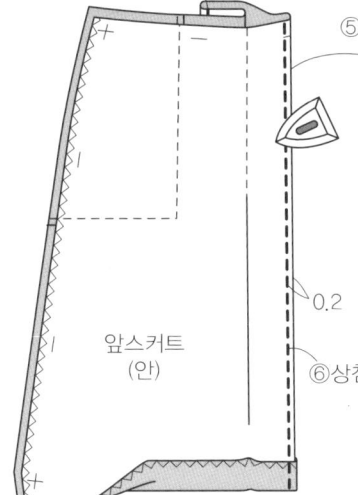

⑤겉끼리
맞닿게
접는다
앞스커트
(안)
0.2
⑥상침

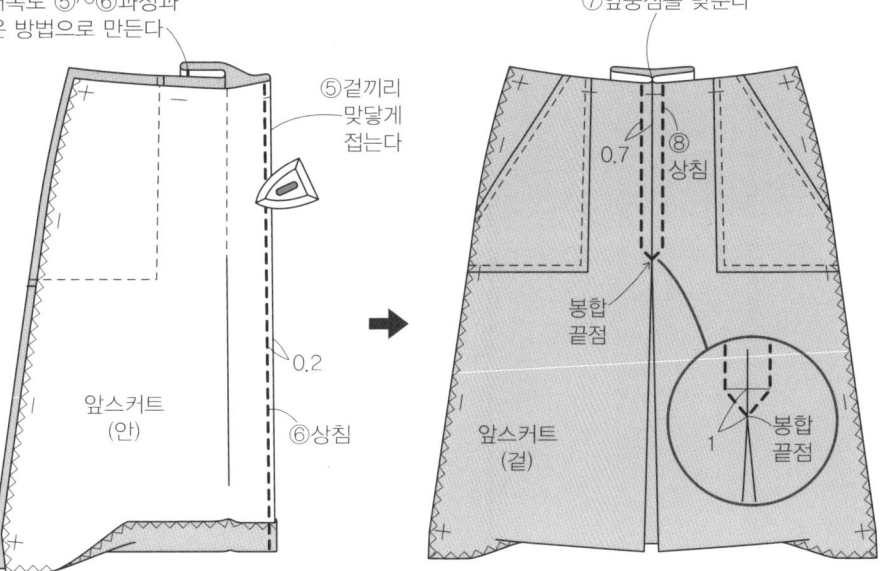

⑦앞중심을 맞춘다
0.7
⑧
상침
봉합
끝점
앞스커트
(겉)
1
봉합
끝점

3 스커트의 옆선을 봉합하고, 남은 밑단을 정리한다

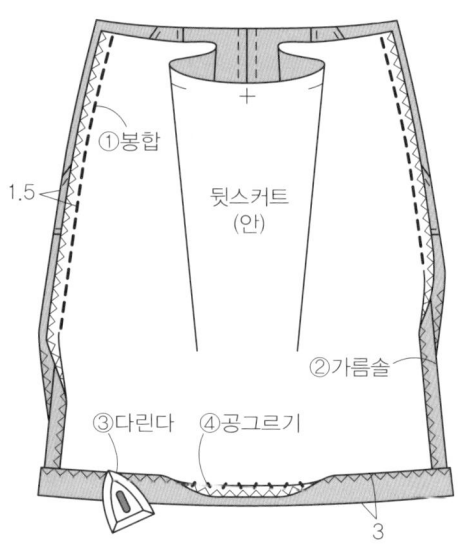

①봉합

1.5

뒷스커트
(안)

②가름솔

③다린다 ④공그르기

3

4 허리벨트를 만든다(P.38 참고)

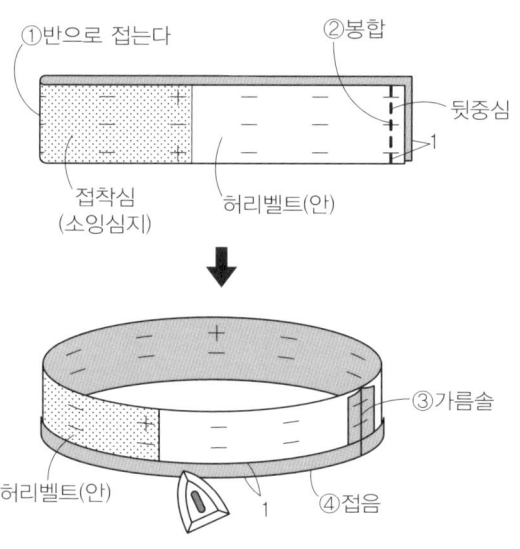

①반으로 접는다

②봉합

뒷중심

1

접착심
(소잉심지)

허리벨트(안)

허리벨트(안)

③가름솔

④접음

1

5 스커트에 허리벨트를 단다(P.38 참고)

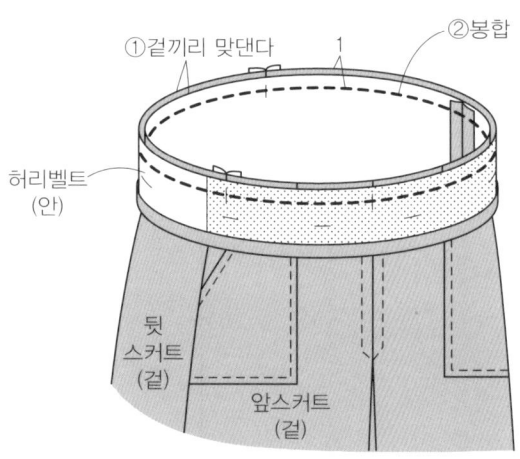

①겉끼리 맞댄다

1

②봉합

허리벨트
(안)

뒷
스커트
(겉)

앞스커트
(겉)

6 뒤허리벨트를 고정한다(P.38 참고)

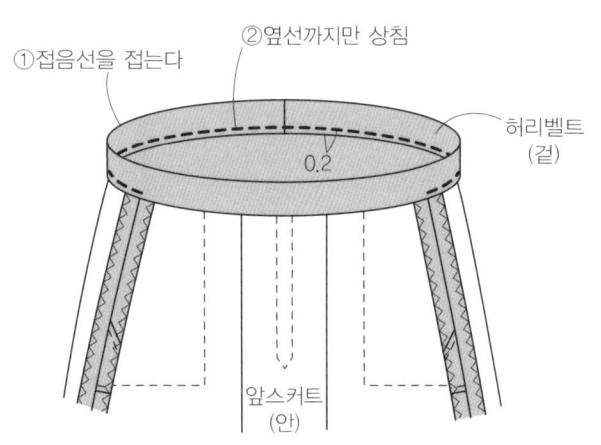

①접음선을 접는다

②옆선까지만 상침

허리벨트
(겉)

0.2

앞스커트
(안)

7 허리벨트에 고무줄을 통과시킨다(P.39 참고)

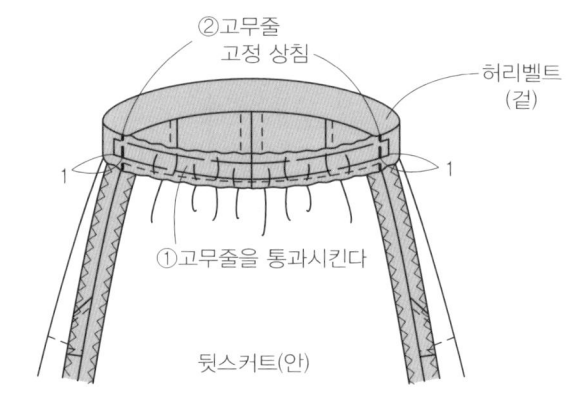

②고무줄
고정 상침

허리벨트
(겉)

1

1

①고무줄을 통과시킨다

뒷스커트(안)

8 앞허리벨트를 고정한다(P.39 참고)

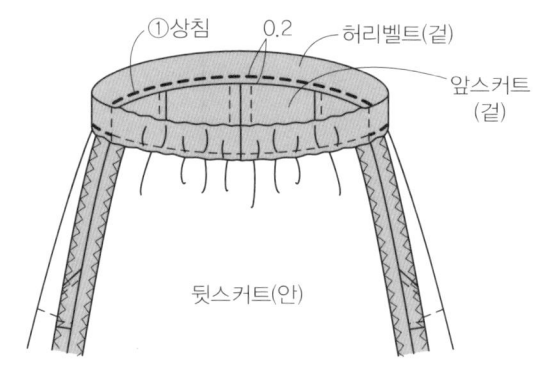

①상침

0.2

허리벨트(겉)

앞스커트
(겉)

뒷스커트(안)

완성

초보자의 눈으로 개발하는
실물 패턴전문 브랜드 패턴인!

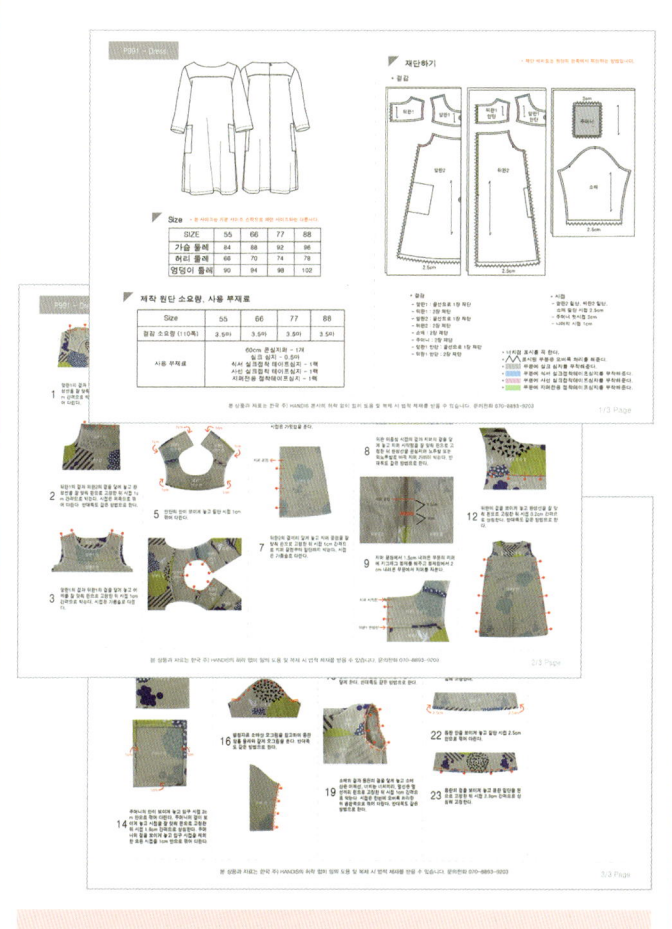

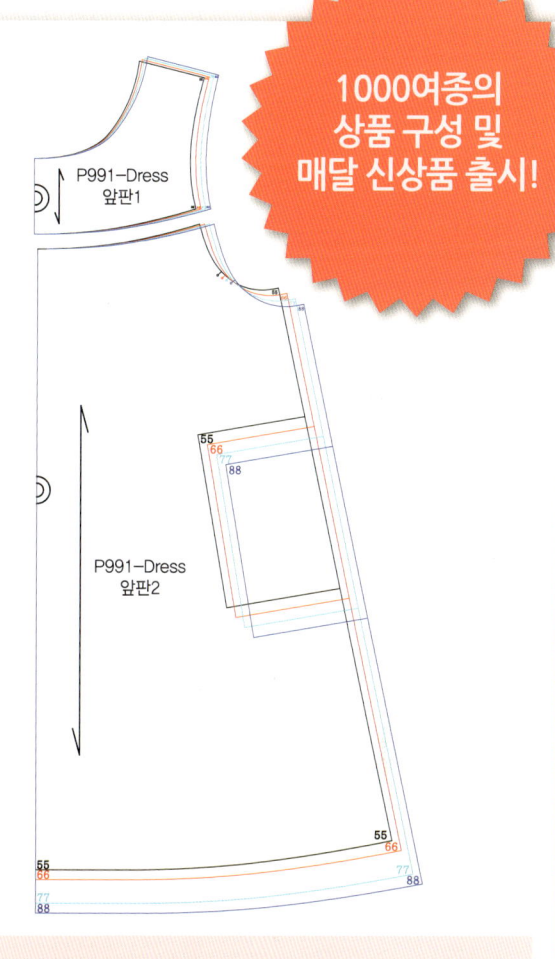

재단배치도부터 소잉 팁까지
꼼꼼한 사진 제작 설명서와 웹 제작 설명서로

쉽고 재미있게!

패턴 전문 캐드를 사용한
전 사이즈 실물 패턴과 사이즈별 컬러선으로

깔끔하고 편리하게!

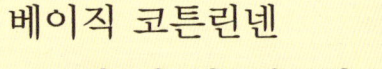
베이직 코튼린넨
스테이시 솔리드 무지

작품을 만들기 가장 좋은 두께로 의상이나 소품, 홈패션으로
사용하기 좋은 패브릭을 기획 생산 하였습니다.

내추럴한 텍스쳐와 고급스러운 컬러감이 완벽하게 조화를 이루어
가방, 파우치와 같은 소품부터 원피스, 치마 등의 의상까지
여러 방면으로 부담없이 사용하기 좋은 스테이시 솔리드 입니다.

스테이시 솔리드 무지 15종 ────────────

사이트 바로가기

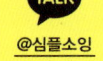
TALK
@심플소잉
친구추가하기

심플소잉 NCC 오프라인 매장 ────────────────────────

경기지역	화성동탄점, 분당수내점, 수원영통점, 수지신봉점, 경기광주오포점, 평택소사벌점, 이천창전점, 안양동편마을, 일산주엽점, 수원광교점,
	용인죽전점, 남양주별내점, 인천구월점, 서울롯데마트구로점
충청지역	천안백석점, 세종나성점, 청주가경점, 아산배방점, 서산호수공원, 대전노은점, 청주율량점, 천안신방점, 제천중앙점
경상지역	창원남양점, 안동북문점, 울산남구점, 대구범어점, 포항대이점, 김해내외점, 동래온천점, 양산물금점, 울산성안점
전라지역	광주충장점, 순천동외점, 광주첨단점, 목포하당점, 여수엑스포점, 나주빛가람점, 전주송천점, 군산지곡점
강원, 제주지역	제주제주점, 원주중앙점

온라인 www.simplesewing.co.kr   고객센터 1644-5744   오프라인 www.simplesewing.co.kr/offline/

Fashion Start

Clothes D.I.Y Shop

패션스타트는 원단, 부자재, 패턴/서적 그리고 미싱 등
19,000여종의 의상 및 소잉 DIY 상품을 갖추고 있으며,
소잉을 처음 시작하는 분부터 고급 수준의 고객님까지
DIY를 사랑하는 모든 분들과 함께 하고 있습니다.
행복한 소잉의 모든 것, 여기는 패션스타트입니다.

패션스타트의 다양한 상품과 스타일,
그 밖에 특별혜택을 지금 바로
사이트에서 확인해보세요.

www.fashionstart.net   T. 1644-8957

▲ 사이트 바로가기

퀼트스타 사이트 바로가기

DIY의 모든것
퀼트스타 쇼핑몰

퀼트스타는 유와 공식 에이전시로 일본수입원단과 미국수입원단을 판매하고 있으며,
DIY 패키지, 부자재, 서적, 패턴, 미싱을 판매하고 있는 DIY전문 쇼핑몰입니다.
문의전화 : 1644-8755 [도매문의] / www.quiltstar.co.kr

DIY 패키지

자수패키지

일본/미국 수입원단

부자재

서적/패턴

미싱

Happy Bears
Sewing Notion

For your happy sewing

I FROM HAPPY BEARS

직접 만들어서 더 의미있는 DIY 작품은 어떤 마음을 가지고 만드냐에 따라서 그 가치가 또 달라지는 것 같아요. 누군가를 걱정하고, 아끼고, 사랑하는 마음을 담아 완성 한다면 그 마음까지 함께 고스란히 전해지는 것이 손으로 직접 만드는 핸드메이드 (HAND MADE)가 아닐까 생각됩니다 :-)

해피베어스 역시 소잉 DIY를 하는 모든 사람들을 위하는 마음을 담아 소잉작업에 필요한 좋은 상품(Product)을 고민하여 보다 더 멋진 작품을 완성할 수 있고, 늘 즐겁고 행복한 작업시간을 가질 수 있도록 가치있고, 실용적인 다양한 소잉 부자재를 기획하는데 노력하고 있습니다.

01 작품의 완성도와 품격을 UP↑
프라임 소잉전용실

의상, 소품, 홈패션, 미싱퀼트/자수 등 작품 구분없이 사용 가능하며 일반 원단부터 론(아사), 시폰, 수영복원단, 다이마루, 모직 등 다양한 원단을 봉제할 수 있는 멀티실입니다. 코어(CORE)사로 일반 폴리에스테르실에 비해 내구성이 Good! 파인 프라임(53수2합/얇은 원단용), 프라임(45수2합/일반 원단용), 스티치 프라임(29수3합/두꺼운 원단용) 총 3종으로 구성.

SIZE 약 바닥 3 X 높이 5cm
　　　 파인 프라임/프라임(400m), 스티치 프라임(200m)
PRICE 2,400～2,600 won

02 꽃잎처럼 부드럽고 가벼운
라라실 (고급 날나리실)

다이마루, 저지, 수영복 원단 등 스판성 있는 원단을 봉제하거나 퀼팅 작업시 밑실 전용으로 사용하기 좋고, 가장자리 오버록 및 인터록 처리시 더욱 고급스럽게 마무리 할 수 있습니다. 보송보송 부드러운 촉감으로, 아이들 피부에도 자극이 없습니다.

SIZE 약 바닥 3 X 높이 5cm / 100D/2 / 350m
PRICE 2,500 won

03 달달한 분위기를 더해요
마시멜로 무지개실

실 한가닥에 다채로운 색상이 그러데이션 되어 있어 무척 매력적인 무지개실. 미싱퀼트, 미싱자수, 의상, 소품, 홈패션 등 다양한 작품에 사용할 수 있는 달콤한 멀티실입니다. 일반 무지개실과 달리 실 중심에 나일론사가 들어있는 코어사(코어사)로 내구성 또한 good! 총 10컬러 구성.

SIZE 약 바닥 3 X 높이 5cm / 45수 2합 / 400m
PRICE 2,500 won

04 귀엽지만 할일은 다하는
와이즈 소잉웨이트

제도, 재단 등의 마름질 작업시 이리저리 움직이는 작업물을 고정해주는 문진입니다. 작은 손에도 쏙 들어오는 그립감과 포갤 수 있는 실용적인 디자인으로 무게감을 더해서 작업할 수 있고, 복수보관할 수 있습니다.

SIZE 바닥 약 5.5 X 높이 약 3.8cm / 무게 약 400g
PRICE 6,000 won

05 덕분에 작업시간이 줄었어요
아이론 시접자

아이론 시접자는 고열에 녹지 않는 특수 열경화성 아크릴 소재로, 직선, 곡선, 완만한 곡선, 각지거나 둥근 모서리 부분 등 거의 모든 시접 부분을 한번에 손쉽게 다릴 수 있는 스마트한 시접자입니다. 원단을 꺾어 원하는 치수에 재단선을 맞춘 다음, 꺾인 부분을 다려주세요. 2가지 사이즈 구성.

SIZE 약 20 X 10cm / 약 30 X 10cm / 두께 약 0.4mm
PRICE 9,000 / 12,000 won

06 모눈 디자인으로 더 똑똑하게!
그리드(모눈) 부직포 패턴지

흔하지 않은 핑크색 모눈 눈금으로, 선이 선명하며 1cm(굵은 실선), 5mm(십자, 점선)로 표시되어 구분하기 쉽습니다. 눈금이 있어 쉽게 면적 계산을 할 수 있고, 원단 소요량 측정이 가능하며, 깔끔하게 롤로 말려 있어서 퀼트나 의류 패턴 작업 등 다양한 작업 시 편리하고 오래 사용할 수 있습니다.

SIZE 약 폭 50cm, 총 길이 27m(2,700cm)
PRICE 26,500～71,000 won

〈상품구매처〉 패션스타트/ 패션스타트NCC 대리점/ 심플소잉/ 심플소잉NCC 대리점/ 퀼트스타/ 그외 온·오프라인

"소잉 미싱의 새로운 기준"

소잉 파이오니아 CC-1877

Sewing Pioneer

제품전체가
특수합금 통주물 구조로
제작되어
뛰어난 힘 & 내구성

작품 제작 크기에
구애받지 않는
넓고 편리한 작업공간

원터치 침판 교체 & "일반, 직선, PRO
전용 침판"을 활용하여 어떠한
상황에서도
최상의 봉제 퀄리티를 구현

최고급 "디지털 미싱"의
다양한 편의기능
200가지 패턴, 액정표시창,
LED 전구, 버튼 & 다이얼
기기조작

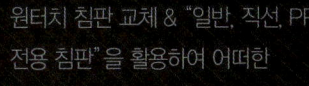

일반　직선　PRO

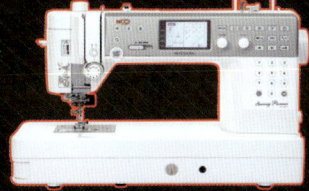

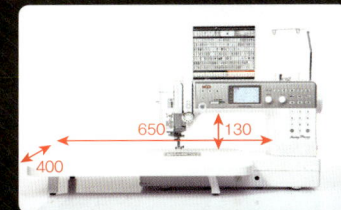

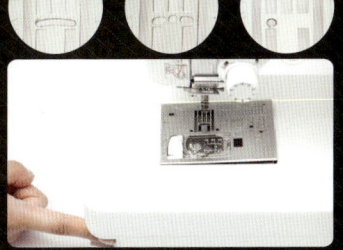

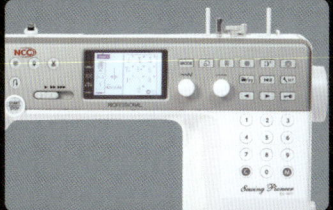